転換期を読む 4

国民国家と経済政策

マックス・ウェーバー◆著
田中真晴◆訳

未來社

国民国家と経済政策 ❖ 目次

凡　例……三
まえがき……五
国民国家と経済政策……七
訳　註……五七
解　説……七七
新版へのあとがき（田中秀夫）……一三〇

凡例

一　本書は Max Weber, Der Nationalstaat und die Volkswirtschaftspolitik, Akademische Antrittsrede, Freiburg und Leipzig, 1895. の邦訳である。原文は Akademische Verlagsbuchhandlung von C. B. Mohr の一冊として公刊されたものであるが、ウェーバーの死後、妻マリアンネの手によって編まれた Gesammelte Politische Schriften, 1920. に収められた。両者のあいだの唯一のちがいは、一八九五年刊の小冊子には、内容上の大きな段落を示すために、行間を一行だけあけた部分が四ケ所あるのに対して、『政治論集』ではそれがなくなっていることである。邦訳は、一八九五年刊の小冊子にしたがった。

二　原文の „………“ は、「………」とし、書名のばあいには、『………』とした。原文のゲシュペルトの個所は、傍点で示した。

三　原文には——(Gedankenstrich) が相当ひんぱんに使用されている。訳文では文脈に応じて、そのまま残したばあいと、適当と思われる言葉に変えたばあいと、省略したばあいとがある。また、原文には——がないのに、訳文においてそれを使った個所も、すこしはある。

四　原註は＊1 ＊2等で示して、見開き左ページの脚註として訳出し、訳註は＊印で示して本文のあとに一括した。ただし、かんたんな訳註および訳者がくわえた補足的説明は文中に挿入した。〔　〕で示してあるのがそれである。

五　四頁の地図は、本書の一部の理解の一助にと思って、訳者が加えたものであって、原典にはない。

西プロイセン州における土地課税純収益額分布図

〔註〕　上図は、August Meitzen, Der Boden und die landwirtschaftlichen Verhältnisse des Preussischen Staates, 1906 の Tafel. VII「各郡別 1 ヘクタール当り土地課税純収益額分布図、1900 年」のなかから西プロイセンの部分を抽出し、これをつぎの二点で簡単化したものである。

①各郡別の表示は、詳細に過ぎるので、ウェーバーの本文中に出てくる郡の名だけを記入したこと。

②原図では、課税純収益額が九段階に類別されているが、それを三段階にしたこと。

なお、マイツェンの原図は、ウェーバーの調査と時間的なズレがあるために、若干の数字上のくいちがいがあるが、大きな差異はない。

まえがき

わたくしが以下に掲げる論述を公刊しようと思いたったのは、わたくしの講演が、それを聴いた多くのひとたちから賛同を得たからではなくて、反対を受けたからである。この論述のなかで、専門家にとってもその他のひとびとにとっても事実のうえで目あたらしいことというと、それは細かい点に限られるであろうし、したがって、「科学的である」といってもらいたいのは、そうした特殊の意味でしかないわけであるが、そのことは、この論述がおこなわれた就任講演という動機からして、当然のことである。およそ就任講演というものは、国民経済上のさまざまな現象を判断するさいにあらわれてくる個人的な、そして個人的だという意味で「主観的な」立場を、一般に公開して、自分がその立場をとる理由をあきらかにするのに、ちょうどいい機会を与えている。三五頁から四一頁までの論述は、講演のさいには時間と聴き手の層とを考えて省いたし、その他の部分でも、話したときとはちがった形になっているところがあるだろう。冒頭の叙述についていうと、事象の経過が、当然のことながら、実際にくらべていちじるしく単純化された形で述べられていることに、注意しなければならない。一八七一年から一八八五年にいたる時期には、西プロイセンのひとつひとつの郡や町村の人口の動きは、けっして斉一的なものではなくて、動揺を特徴としており、わたくしがとり上げた例のようにスッキリしたものではけっしてない。わたくしがとり上げた例についてハッキリさせようとした傾向は、他の例をあげるとなると、別の諸契機のために妨げられて、ハッキリしなくなる。この点については、ちかいうちに他の場所で、また、いっそう詳しく論じるであろう。わたくしのあげた例の数字が示しうる成果は、ノイマン*の指導する数人の学生たちのあの立派な業績が、ポーゼンと西プロイセンとにおける住民の国籍事情について提供してくれた成果にくらべると、その拠りどころが不確かであること、これはあきらかである。しかし、正確な資料が欠けているので、われわれはさしあたっては、その数字で満足しなければならないし、ことにその数字がハッキリと示している諸現象は、近年おこなわれた農地調査から、その輪郭がすでによく知られているのである。

フライブルクにて　一八九五年五月

マックス・ウェーバー

国民国家と経済政策

（教授就任講演）

わたくしの演題はひろい分野にわたるものでして、わたくしが今日、実際にとりあつかうことができ、また、とりあつかおうとも思っている内容を、はるかに越えています。わたくしがお話ししようと思っているのは、さしあたってはつぎのこと、すなわち、異なった民族のあいだに存在する、肉体的および心理的な人種的相違というものが、経済上の生存競争において果たしている役割を、ひとつの実例に即して具体的に示すことであります。そして、それを手掛かりとして、経済政策を考察しようとするばあいに、民族的基盤にたっている国家――わが国のばあいがその例です――が占めるところの地位というものを、すこしく考えてみたいと思うのです。わたくしはその手掛かりとなる実例として、一群の出来事を選びますが、それは、われわれがいまいるところからずいぶん遠く離れた場所で起こっているのだが、ここ一〇年来、たびたび社会の注意を惹いてきた出来事であります。そこで諸君、どうかわたくしについてドイツ帝国の東部辺境は西プロイセン州の平地へお運びねがいます。この地は国境であるうえに、経済的・社会的な生活条件の点で、なみなみならぬするどい差別をみせており、こうした属性を兼ね備えているために、われわれの目的にとって、ちょうどお誂えむきの地なのです。はじめに無味乾燥な資料をひとわたり並べます。恐縮ですが、しばらく辛抱してください。

西プロイセン州は、その管区内に、三種類の対立を含んでいます。

まず第一には、耕地の品質のひじょうな差異です。ウィスワ河畔の平野の甜菜栽培地から、カシューブ人が住んでいる砂地の高地*にいたるまでのあいだには、課税純収益評価額で一〇倍ないし二〇倍の違いがあります。郡ごとの平均値をとってみてさえ、一ヘクタール当り四¾マルクと二三⅔マルクとのあいだを上下しているというありさまです。

　そのつぎには、このような土地を耕している住民の社会層の構成における対立があります。東部では一般にそうであるように、西プロイセンでも、官庁の書類には「村」とならんで、いまひとつ、南ドイツには見られない形の自治体単位すなわち「領主地区域」*というものが載っています。そして、そのことに対応して、農民の村落のあいだあいだに騎士領がきわだっていますが、この騎士領こそは、東部にそれ独特の社会的な刻印を与えている階級すなわちユンカーの住居《すまい》なのです。——領主のお屋敷を平屋造りの百姓小屋がとりまいていますが、これらの百姓小屋というのは、その年いっぱいお屋敷で働く義務を負っている農場日雇労働者*たちが、すこしばかりの農地や牧場とともに、領主からあてがわれているものなのです。西プロイセン州の地積は、村と領主地区域とにほぼ等半にわかれています。しかし、ひとつひとつの地域をとってみると、領主地区域の占める比率はまちまちで、郡の地積の数パーセントにあたるというようなところから三分の二におよぶものまで、いろいろです。

　最後に、このように二重の仕方で社会的に編成せられた住民の内部で、第三の対立すなわち民族の対立があります。しかも、ひとつひとつの自治体単位における住民の民族別も、地域によってさまざまです。そして、この相違こそがわれわれの関心の的なのです。まず第一に、ポーランド人は、当然のことながら、国境に近づくにつれて稠密になります。しかし、それだけではありません。どの言語分布図をとってみてもわかるように、ポーランド人は土地の品質がわるくなるにつれて増えているのです。この事実をまず歴史的に説明しようとして、ドイツ人が地味のゆたかなウィスワ峡谷へ最初に雪崩れこんでそこを占拠したからだ、と考えるひとがいるでしょう。この説明はまったく見当はずれだというわけではありません。だがしかし一歩進めて、この地方ではどのような社会層がドイツ人およびポーランド人を代表しているのか、ということを問題にしてみましょう。そうすると、これまで発表されたもののうちでいちばんあたらしい、一八八五年の人口調査[*1]にあらわれた数字が、注目すべき像を与えてくれます。この調査から、自治体の住民の民族別を直接に知ることはできませんが、近似値的な確かさで満足するのなら、間接的にそれを推しはかることができます。間接的にというのは、宗派という媒介項によってということであって、われわれがいま考察を加えている両民族の混在地帯においては、宗派別が民族別と一致しているのです。ちがっているにしても、その誤差はせいぜい数パーセントぐらいにすぎません。そして、個々の地域の農民村落と騎士領という経済的範疇[*2]を、これも右と同じように不正確な点をふくみますが、村または領主地区域という自治体単位と同じものだと

＊1　『自治体辞典』ベルリン一八八七年。

＊2　それでもやはり、この行政区分のほうが、経営分布を基礎とするのに比べれば、社会層の特徴をよくあらわしている。平地についてみると、一〇〇ヘクタール以下の領主経営が珍らしくないし、高地では二〇

見なすと、農民村落と騎士領とのそれぞれの住民の民族別は、土地の品質のよしあしにつれて、たがいに逆な比例関係を示しているのです。つまり、地味の肥えている諸郡では、領主地をとってみるとカトリック教徒すなわちポーランド人が有力であり、村落をとってみると新教徒すなわちドイツ人が相対的に優位を占めていることが分かります——そして、地味の痩せている諸郡では、ちょうどその反対になっているのです。たとえば、一ヘクタール当りの平均課税純収益額が五マルク以下の諸郡をとりまとめてみると、村落においてはわずか三五・五パーセントだけが新教徒であるのに、領主地においては五〇・二パーセントが新教徒です。これに反して、一ヘクタール当りの平均課税純収益額が一〇―一五マルクの郡のグループについてみると、新教徒の占める比率は、村落では六〇・七パーセントにのぼるのに、領主地では四二・一パーセントにすぎません。どういうわけでこのようになるのでしょうか。なぜ、平地では領主地が、高地では村落が、ポーランド人の溜まり場になっているのでしょうか。すぐに気のつくことがひとつだけあります。それはなにかというと、ポーランド人には、経済的にも社会的にもいちばん低い住民層のところへ集ってくる傾向があるということです。優良地とりわけウィスワ河畔の平野では、農民はいつも領主地の農場日雇労働者よりも、よい暮らしをしてきました。ところが大規模経営をしなくては合理的経営というものが成り立たなかったような劣等地においては、騎士領が文化の担い手であったし、したがってまたドイツ民族の担い手だったのです。このような劣等地についてみると、窮乏した小農たちは今日でも相変らず、領主地の農場日雇労働者よりもひくい暮らしをしています。たとえこのことを直接には知らなくても、住民の年齢構成からそれを推しはかることができるでしょう。村落づたいに平地から山腹へと登ってゆくと、一四歳以下の児童の占める比率は、はじめは三五—三六パーセントですが、土地の品質がわるくなってゆくのにつれて、その率は次第に増えていって、四〇—四一パーセントにまでなります。そこで、領主地をこれと比べてみると、平地においては、領主地の児童の比率のほうが村落の児童の比率よりも高く、高地に向かうにしたがって児童の占める比率は大きくなるのですが、その増え方をみると、村落の児童の比率の増え方に比べて領主地の方がゆるやかです。そして、高地では領主地の児童の比率が、村落の児童の比率よりも低くなっています。貧乏人の子沢山という通り相場は、ここでも当てはまるわけでして、けだし、ひとは貧乏になると、将来にそなえて心を配る余裕を失うのです。……右のような次第で、経済的文化、暮らしが比較的高いこと、およびドイツ民族であること、この二つのものが西プロイセンでは一致しているのであります。

　しかしながら二つの民族は、数百年来同じ土地の上で、本質的に均等な機会のもとで、競いあっているのです。とすれば右のような差別は、なににもとづいて出てきたのでしょうか。この問に対してすぐに考えつかれることはこうです。すなわち、この二つの民族は心理上・肉体上の人種的資質の点

○ヘクタールを超える農民経営が、けっしてまれではないのである。

でそれぞれちがっているために、経済的・社会的なさまざまの生活条件に対して、ちがった適応力をもっているのだと。この考えは間違っていません。実際そのことが右の差別の原因なのです。――その証拠は住民の民族別の推移からハッキリ読みとれる一定の傾向のなかにあるのですが、この傾向は同時に、いまいった適応力のちがいが、東部のドイツ人にとって不吉なものだということを告げています。

もっとも、ひとつひとつの自治体ごとに移りかわりを観察するとなると、比較のために役立つのは一八七一年から一八八五年までの数字だけです。しかも、この数字からは、ひとつの発展のはじまりがあることを、おぼろげにだけ知ることができるのですが、その発展というのは、われわれの知っているすべての状勢からみて、それ以後は、なみなみならぬ強まりを示しながら続いている、と考えられるものなのです。さらにこの数字が示す像は、一方では宗派別と民族別とを等しいものとし、他方では行政区分と社会的編成とを等しいものとしているために、その当然の結果として明晰さを損っています。なぜなら、そのような等置は、そうするほかに仕方のないことでありますが、どうしても正確だとは言いかねるからであります。しかし、そのような種々の欠陥があるにしても、問題点のありどころだけは、その数字でハッキリ認めることができます。――西プロイセン州の人口は、一八八〇年から一八八五年の期間には、東部諸州の大半でもそうであったように、減少の傾向を示しました。西プロイセン州の人口は一二、七〇〇人だけ減ったのです。つまり、ドイツ帝国の人口が、およそ三・

五パーセントだけ増えたあいだに、西プロイセン州の人口は、一・二五パーセントだけ減ったわけです。ところで、人口の減少というこの現象もまた、さきにお話しした諸現象と同じように、不均等な分布を示しています。すなわち、州の人口は減っているのに、郡の方は人口の増えたところも多いのです。しかも、減少と増加との分布のしかたが、いちじるしい特徴をもっています。まず、品質のちがった土地をとりあげてみるなら、誰しもつぎのように思うでしょう。人口減少のいちばんひどかったのは最劣等地にちがいない、なぜというに、農産物の価格下落の圧力をうけて、いちばんさきに食ってゆけなくなったのは最劣等地のひとたちのはずだから、と。ところが数字をよく見ると、案に相違して事実はまさにその逆なのです。すなわち、平均純収益額が約一五―一七マルクもあるような、いちばん恵まれた諸郡たとえばシュトゥーム郡やマリエンヴェルダー郡こそが、他のどこよりもひどい人口流出をみていて、その大きさは七―八パーセントにもおよんでおり、その反面、五―六マルクの純収益しかあがらないような高地のコーニッツ郡とトゥッヒェル郡とは、一八七一年以来ひきつづいて、他のどこよりも著しい人口増加をみています。そこで、なぜそうなるのかということをあきらかにしなければなりませんが、そのさいまず問題となるのは、一方ではどのような社会層から人口が流出したのか、他方ではどのような社会層について人口が増えたのか、ということです。シュトゥーム、マリエンヴェルダー、ローゼンベルクなど、人口が著しく減った諸郡を検べてみると、それらはすべて大所有地がとくに優勢を占めている郡であることが分かります。さらに進んで、西プロイセンで州全体の領主地区域をひっくるめて考察すると、領主地区域の人口は、もともと一八八〇年に、同一面積当りについて、村落の人口の三分の二しかなかったのですが、それにもかかわらず、それ以後に起きた州人口の減少のうちで、そのおよそ四分の三、すなわち九〇〇〇〇人以上の減少が、もっぱら領主地区域で生じました。つまり領主地区域の人口は約四¾パーセントだけ減ったというわけです。ところが人口の減りかたは、領主地の内部においてもまた不均等であって、なかには人口の増えたところもあります。そして、領主地の人口がひどく減った地域を選び分けてみると、地味の肥えた地域の領主地こそ、とくにはげしい人口流出を蒙ったことがわかります。

それに反して、地味の瘠せた高地についていうと、人口の増加は主として村落で起きていて、しかもその増え方をみると、劣等地の村落のほうが、平地の村落よりもはげしいのです。したがって、傾向としては、地味のもっとも肥えた領主地では、農場日雇労働者が減り、劣等地では、農民が増えているわけです。そうだとするとどこに問題点があるのか、また、この現象はどのように説明すればよいのか、ということになりましょうが、この疑問もまた、つきつめたところ、つぎのことを問題にすればあきらかになるはずです。それは、この推移に対して二つの民族はどうかかわりあっているのか、ということです。

東部のポーランド人は、十九世紀の前半においては、徐々にではあるけれども絶えず押し戻されていたようです。しかし一八六〇年代以降になると、誰しも知っているように、かれらはさきと同じように、徐々にではあるが途絶えることなくおし寄せてきています。西プロイセンについて、この過程を一目瞭然に示しているのは例の言語調査でありまして、この調査の基礎には欠陥がありますが、それはここでは問題になりません。一体、異民族間の境界線が動くばあいに、その動きかたには原理的に区別して考えねばならない二通りの種類があります。――ひとつは、異民族の混在地域に住む少数派民族に、多数派民族の言語ならびに慣習がおしつけられていって、その結果、少数派民族が「吸収されてしまう」という場合です。この現象もたしかに東部で見られます。すなわち、カトリック教徒のドイツ人について、それが統計的に示されているのです。カトリック教徒のドイツ人のもとでは、教会のきずなのほうが民族のきずなよりもつよいし、文化闘争[*]の名残りがそれに輪を掛けています。そのうえ、ドイツ流の教育を受けた僧侶階級がいないために、カトリック教徒のドイツ人が民族的文化共同体から脱落してゆくのです。ところが、このような現象よりもいっそう重要で、われわれの関心をよけいにひくのは、異民族間の境界線の動きかたの第二のもの、すなわち経済的駆逐のほうなのです。――これが現に東部で起こっています。一八七一―一八八五年のあいだに、東部の各種自治体では宗派別比率がどのように変ったかを検べてみると、つぎのことが分かります。それは、領主地の農場日雇労働者が流出すると、平地の新教徒が相対的に減ってゆくし、高地の村落の人口が増えると、カトリック教徒が相対的に増えてゆくのが通例だ、ということです。[*1] すなわち、文化水準の高い地域から立ち去ってゆくのは主としてドイツ人の農場日雇労働者であり、文化水準の低い地域で増えているのは、主としてポーランド人の農民なのです。

しかし、つきつめて考えると、一方での流出、他方での増加という二つの現象は、同じひとつの原因から起こっているといえるのです。すなわち、スラヴ人種は、天賦の資質によるのか、それとも、かれらの過去の歴史のなかでそのように仕込まれたのかはともかくとして、暮らし〔というもの〕に対する要求水準が、物質面でも精神面でもドイツ人よりも低く、そのためにかれらが勝つことになったのです。

なぜドイツ人の農場日雇労働者たちは立ち去ってゆくのでしょうか。かれらが立ち去るのは物質的な理由からではありません。といいますのは、立ち去ってゆくひとたちを検べてみると、かれらは賃金の低い地方のものでもないし、低賃金の労働者層のものでもないのですから。物質的に保証されているという点からいうと、東部の領主地で働く農場日雇労働者よりもかたい地位を保証されているものは、ほかにはほとんどありません。――また、大都会の享楽生活に対する例のあこがれは、世間の悪評の的になっていますが、かれらはそんなあこがれに惹かれて、立ち去ってゆくのでもありません。大都会の享楽生活へのあこがれは、若いひとたちが算段もなしにふらふらと故郷を出てゆく理由のひとつではありますが、いい年をした農場日雇労働者が、そんなことから、一家をひきつれて立ち去るはずはないからです。では、なぜ大所有地が優勢を占めている地方にかぎって、ひとびとの胸に、故郷を捨てたいというこころが湧くのでしょうか。いろいろな地方をとりあげてみると、農民村落の色彩をつよく帯びている地方ほど、農場日雇労働者の流出がすくないという事実が示されますが、どうしてそうなのでしょうか。その理由はこうです。農場日雇労働者は、領主地の群《むれ》にとり囲まれているような故郷にいるかぎり、旦那の召使いとしてよりほかには、生きる道がないし、また、自分たちの子孫の行く末を考えてみても、子孫はお屋敷の鐘の音につれて他人《ひと》様の土地で働くだろうとしか思えないこと、これがその理由なのです。遥かな地へとかれらを駆りたてる衝動は、しかとは自覚されぬ朧ろげなものではありますが、そのなかには素朴な理想主義のひとつの契機がひそんでいます。このことを見抜くことができないようなひとは、およそ自由の魔力というものを知らないひとであります。実際のところ今日では、自由の霊が書斎の静けさのなかでわれわれをゆさぶるというようなことは、稀にしかありません。われわれが少年の日にもっていた、自由についての純な理想は、すでに色あせてしまいました。そして、われわれのなかには、年とったわけでもないのに老けこんで、小利口にな

＊1　たとえば、一八七一―一八八五年のあいだに、シュトゥーム郡の領主地区域では、人口が六・七パーセントだけ減ったのであるが、そのさいキリスト教徒の住民のなかで新教徒が占める比率は、三三・四パーセントから、三一・三パーセントに落ちた。コーニッツ郡およびトゥッヒェル郡の村落では、人口が八パーセントだけ増えたが、そのさいカトリック教徒が占める比率は、八四・七パーセントから、八六・〇パーセントに上昇した。

りすぎた人間が多いのです。およそ自由への衝動というものは、人間の胸に宿るいろいろな衝動のうちでも、いちばん根のふかいもののひとつです。ところが、このひとたちは、自由への衝動などというものは、没落しつつある政治観・経済政策観のあの標語〔自由放任主義〕と一緒に、もはや葬り去られたのだ、と思いこんでいるのです。

さて、右の事実は、ひとつの大量的な心理現象であります。ドイツ人の農業労働者は、自分たちの故郷の社会的な生活条件に対して、もはや適応できなくなっているのです。西プロイセンから送られてきた領主たちの報告*をみると、ドイツ人の農業労働者は「自意識」がつよくて困ると書かれています。むかしの家父長制的な領主地の小作関係においては、農場日雇労働者は生産物の分配に与かる小農であったため、農業生産の利害に直接に結びつけられていたのですが、そのような小作関係は、いまや姿を消しつつあります。甜菜を栽培している地域では、季節労働が用いられているために、季節労働者と貨幣賃金とが必要になっています。季節労働者は、将来、純プロレタリアートとして生きるほかありませんが、しかもそのさい、かれらには、都市に密集する目覚めたプロレタリアートのように、経済的な自立を目指して力づよく羽搏くという可能性はないのです。——このような生存条件に順応して生きてゆくという点では、いまやドイツ人にとって代わりつつあるひとたち、つまりポーランド人の出稼ぎ労働者のほうが上手《うわて》です。周旋人がロシアで駆りあつめたポーランド人の出稼ぎ労働者たちは、遊牧民のように隊を組んで、春になると幾万人となく国境を越えて入ってきて、秋になるとまたひきあげてゆきます。甜菜が栽培されると、農業経営は季節的産業になりますから、ポーランド人の出稼ぎ労働者は、最初は甜菜栽培にともなって登場したのでした。ところが、やがて甜菜栽培にかぎらずどこででも、かれらを雇うようになりました。そうなったのは、かれらを雇うと労働者用の住居の心配もいらないし、救貧費の負担もまぬがれるし、いろいろな社会的義務も果たさなくてよいし、そのうえ、かれらは外国人なので不安な立場に置かれており、そのために地主の意のままになるからであります。プロイセンのふるいユンカー階級の、生きるか死ぬかという経済的闘争は、このような現象を伴いながらすすんでいるのです。甜菜を栽培している領主地では、家父長として振舞っていた領主にとってかわって、一種の実業家層があらわれてきています。さらに、高地についてみると、領主地は農業不況の圧迫を受けて、周辺部から次第に崩壊していって、領主地の外圍であったところには、零細小作農および小農の部落ができています。* むかしの土地貴族がほしいままにしていた権勢の経済的基盤は、いまやなくなりつつあり、土地貴族そのものが、むかしの姿とはちがってきているのです。

では、なぜポーランド人の農民が地歩を占めるのでしょうか。経済的な知性とか資本力とかの点で、ポーランド人の農民のほうがすぐれているからなのでしょうか。けっしてそうではありません。むしろ、経済的な知性の点でも資本力の点でも、すぐれていないことこそが、かれらの勝利の原因なのです。粗放的な畜産のほか、穀物と馬鈴薯とが主要生産物であるような風土のところで、市場の不首尾のために脅かされることのいちばん少ないのは誰かというと、それは、自分の生産物を価格の暴落から受ける痛手がいちばんすくなくてすむような場所へ持ってゆくひと、つまり自分の胃へ運ぶひと──自家需要のための生産者であります。そのなかでもとくに有利なのは、自家需要をいちばん切りつめることができるひと、すなわち、物質面でも精神面でも、暮らしというものに対して誰よりもすくない要求しかもっていないひとであります。東部のポーランド人の小農は、諸君がこの恵まれたライン平野でご覧になるような、商業作物と菜園作物とによって都市につながっている勤勉な零細農層とは、似ても似つかない型のものです。ポーランド人の小農が進出するのは、かれらがいわば草を食って生きているからなのです。かれらの生活慣習が、物質面でも精神面でも、低いにもかかわらずではなくして、低いからこそ、進出してくるというわけです。

したがって、われわれの眼の前でおこなわれているのは、一種の淘汰過程であるようにみえます。二つの民族はずっとむかしから、同じ生存条件のなかに置かれていました。その結果どうなったかというと、俗流的な唯物論の立場が考えるように、二つの民族は同じような生理的・心理的性質をもつようになったのではありません。そうではなくして、二つの民族のあいだには距たりが生じ、勝ったのはどちらかといえば、それは与えられた経済的・社会的な生存条件に対して適応力の大きいほうの民族だったのです。

二つの民族は、このように互いにちがった適応力を、それぞれきまった大きさのものとして、身につけているようにみえます。もちろん、それぞれの民族の適応力は、数千年にもおよぶような幾世代にもわたる培養過程を経るなら、変わることもあるでしょう。しかし現在の問題を考えるさいには、それぞれの民族の適応力を、ひとつの与件としてとりあつかわねばなりません。*1

1　わざわざ断っておく必要もないこととは思うが、淘汰原理の妥当範囲についての、一般的にいえば「培養」という概念を自然科学的な意味で使うことについての、自然科学上の係争問題や、また、わたくしは門外漢にすぎないこの領域で、それに関連しておこなわれている論議はすべて、本文の上記の指摘にとって、どうでもよいことである。「淘汰」という概念は、たとえば地動説などとまったく同じように、今日ではひとつの専門学科に限られぬ共有財産になっているし、人間の「培養」という思想はすでにプラトンの『国家』に出ているものである。「淘汰」および「培養」という概念は、F・A・ランゲが、かれの著書『労働者問題』*のなかで、いちはやく使っており、ずいぶん以前からわれわれには馴染みぶかいものになっているから、経済学の文献を知っているほどのひとなら、その意味をとりちがえるはずがないと思われる。ところで、それよりも難かしいのはつぎの問題である。すなわち、人類学者たちは、ダーウィンやヴァイスマン*のいう意味での淘汰の見地が妥当する範囲を、経済研究の分野にもおし拡げようとしているが、このような試みには永続的な価値がどれほどあるのか、という問題がそれである。このような試みは最近になって始められたもので、才気に富んではいるが、方法の点でも成果の内容についても、それ相当の疑惑を招いているし、間違いであることがハッキリわかるような行きすぎの例も多い。しかしながら、たとえばオットー・アモンの著作*

右のことからわかるように、種々な力を野放しにしておいたばあいにおこなわれる淘汰の結果はというと、われわれのうちの楽観主義者が考えるところとはちがって、他の民族よりも高度の発展をとげていたり、より高度の素質をもっていたりするほうの民族に、軍配があがるとはかぎらないのです。人類の歴史をふりかえってみると、低い発展しかしていない型の人間が勝利を占めて、精神生活や情操の点で高貴な血統の人間が死に絶えてしまうことがありますが、こうしたことが起こったのは、つぎのようなばあいでした。すなわち、高貴な血統の担い手であった共同体が、その社会組織のせいにせよ、あるいはその人種的素質のせいにせよ、ともかく自らの生存条件に適応する力をなくしてしまったときがそれです。われわれの問題についていうと、経済的発展の点では劣ったほうの民族を勝利に導いている原因は、農業の経営形態が変ったこと、そして農業が深刻な危機に見舞われていることです。甜菜の栽培が進出してきたことと、市場めあての穀物生産が儲からなくなったこととが呼応しあって、同一の傾向を促進しているのです。すなわち、前者はポーランド人の季節労働者を培養し、後者はポーランド人の小農を育成しています。

さて、さきに論じた事実にたちかえります。そのような事実からなにか一般的な観点をとり出して、その意義を理論的に展開してみせよといわれても、いさぎよく白状しますが、それはまったく私の力にあまることです。ある土地の住民の肉体的・心理的性質は、一般に、かれらの環境をなす生活上の諸関係の影響のために、どれほどまで変えられうるものかということは、途方もなく難かしい問題であって、ハッキリいえることは、いまのところそれは解決できないということだけです。だから、わたくしはこの問題にはまったく触れますまい。

これに反して、なにはさておき誰しも問わずにいられないのは、東部は一体どうなるのだろうか、ということです。

しかし、わたくしはこの問題をここでいっそうくわしくお話しすることは止して、端的に二つの要求をかかげるだけで満足したいと思います。この点、諸君の御諒承をお願いする次第です。さて、その二つの要求と申しますのは、わたくしの考えでは、ドイツ国民の立場から当然出されねばならないものであるし、事実また、近来次第に多くのひとびとが一致して掲げるようになったものであります。

(『人間における自然淘汰』『社会秩序とその自然的基礎』などは、いずれにしても、現に受けている以上の注意を受けるだけの値打ちがある——留保すべき点はすべてそのまま留保するとして。経済学の諸問題に光を与えようとして、自然科学の側から寄せられた論稿をみると、その大多数に共通したひとつの欠点があるが、それは、なにがなんでも社会主義を論破しようという、まちがった功名心である。この目的を遂げることに夢中になると、社会秩序についての「自然科学的理論」と称するしろものは、知らぬうちに、社会秩序の弁護論になってしまう。

第一の要求は——東部国境を閉鎖せよ、ということです。これはビスマルク侯のもとでは実現されていたのですが、侯の引退後、一八九〇年にふたたび閉鎖が解かれました。この閉鎖解除にあたって、外国人移住者の永住を禁止する規定は、そのまま残されましたが、外国人は出稼ぎ労働者としてなら入国を許されることになったのです。プロイセンの頂点にたっていた、「階級的な考え方をする」あの大地主〔ビスマルク〕が、ドイツ国民をまもるために外国人の出稼ぎ労働者を閉めだしたのです。ところが、主農論者《アグラリエル》たちから敵として毛嫌いされた当の人物〔カプリヴィ*〕は、外国人の出稼ぎ労働者の入国を許したのですが、これは地主の利益になることでした。実際、外国人の出稼ぎ労働者の来住のために得《とく》をするのは大地主だけなのです。このことからハッキリわかるように、「経済的な階級的立場」というものが経済政策を左右するとはかぎりません。わたくしがいま述べた事例についていうと、経済政策の転換の原因は、国政の舵を握る人物が力づよい男からそれよりも力のよわい男に変ったことだったのです。

——さて、いまひとつの要求は、国家の手で土地を組織的に買上げよ、ということです。すなわち、一方では王領地《ドメーネン》を拡大するとともに、他方ではドイツ人の農民をしかるべき土地とりわけ王領地へ組織的に植民せよ、という要求であります。大経営を維持することがドイツ国民の負担にしかならないのなら、国民の立場からいうと、そんな大経営は滅びるがいいのです。そして、そのような大経営をそのままにしておくと、分割されていって、スラヴ人の水泡のような飢餓植民地を発生させることになります。しかも、東部の土地のうちのかなり大きな部分を国家の手に移すことは、スラヴ人が押し寄せてくるのをふせぐためにだけ必要なのではありません。それはつぎのことからみても必要なのです。すなわち、地主は穀物を独占して毎年五億マルクの寄贈をうけることによって、自分の財産に対する危険負担を免れたい、という意向をしめしましたが、[*] 自分の財産に対して自分で責任をもつことをやめるなどということは、およそ私有財産が是認されるただひとつの根拠をなくしてしまうことであって、地主は自分たちの私有財産の保持に対して、みずから破壊的な批判を加えたのだといわねばなりません。[*1] このことからしても、東部のかなりの部分の土地を国家の手に移す必要があるのです。

＊1　現在わたくしと同じような考え方にたっているひとのうちには、シュモラー教授も名をつらねておられ、教授は『シュモラー年報』のなかで、かなりの部分の土地を国に移管すべし、という要求をかかげておられる。[*] たしかに、大地主層のうちでも、国家的立場からみて農業経営者として残すねうちのあるひとびとは、厚くもてなされねばならないが、かれらが尊重されるのは王領地の借地人としてであって、地主としてではない。いずれにしても、土地の買上げが線香花火式におわらないためには、それがしかるべき王領地の植民と有機的に結びつけられることがぜひとも必要だと、わたくしは考えている。つまり、東部の土地の一部が国の手を通りぬけてゆく仕組みにして、その土地が国の手に渡っている期間中に国家信用をどしどし注ぎこんで、土地改良という治療を施すようにすることが必要なのである。入植者は、入植後しばらくすると、支払猶予の請願書とともに、植民委員会と比べればいささか冷酷な普通金庫の手にひきわたされる仕組みのほうがよいのだが、実際にはそういう仕組みになっていないため、植民委員会は、かれらの「後保護《アフターケア》」とも

しかし、さきにも申しましたように、今日お話ししたいと思っていますのは、このようなプロイセン農業政策上の実践的諸問題ではありません。このような問題がわれわれすべてのものにとって問題として出てきているという事実、われわれは東部のドイツ人の現状をみて、かれらを護らねばならぬと思い、かれらを護るためには国家の経済政策にも訴えねばならないと考えるという事実、わたくしはむしろこうした事実を手掛かりとして、話をすすめたいと思います。まことに、われわれの国が一個の国民国家であるからこそ、右のような要求をする権利があると、わたくしたちは感じるのであります。

しかしながら、経済政策の考察というものは、右の事実とどのようなかかわりをもつでしょうか。右のような国民主義的な価値判断は、経済政策を考えるときには偏見であって、こんな偏見は、心してとりのぞかねばならぬものでしょうか。そうしてこそ、感情の反映にわずらわされずに、固有の価値基準を経済上の諸事実にあてがうことができるようになるのでしょうか。もしそうであるのなら、いうところの経済政策に「固有な」価値基準とは、果たしてどのようなものなのでしょうか。この問題をこれからさき、すこしく考えてゆきたいと思います。

「平和」の仮象《みせかけ》のもとにおいても、諸民族の経済闘争は容赦なくおこなわれています。このことをわれわれは知りました。東部のドイツ人農民と農場日雇労働者は、政治の点でたちまさった敵と公然というべき厄介な問題を背負わされているわけである。だが、この点を別にしても、植民委員会が克服しなければならない困難は、さらにつぎの点にある。それは、買上げられた領主地の大部分は、はじめの一〇年間、王領地の借地人の手もとで、そのような治療〔土地改良とくに排水〕を受けるほうがよいのに、実際にはそのような仕組みになっていないことである。たしかに一方では、いますぐにでも植民のできる王領地がたくさんあるにしても、土地改良事業は、多大の失費を伴う行政的手段によって、即刻大急ぎでおこなわれねばならない。このようにさまざまな困難があるために、どうしても処置が手間どりはするが、だからといってハンス・デルブリュックの意見*が正しいということには、けっしてならない。ここにいうハンス・デルブリュックの意見とは、かれが『プロイセン年報』所載の周知の諸論文のなかで、右の処置がおよぼす民族政策上の影響について下している判断のことであるが、かれの判断は勿論まちがっている。かれは、創設された農家の戸数をポーランド人の数と比較して機械的に計算しているが、このことだけをとってみても、いやしくも植民という文化事業の現場をしらべたことのあるひとには、まるっきり納得のゆかぬやりかたであることがわかる。実際には、数ヵ村にそれぞれドイツ人の家が一〇戸あまりもあれば、それだけで数平方マイルの地域をドイツ化できるようなばあいもあるのだ。もっとも、そのためには当然のこととして、つぎのような条件が、あらかじめととのえられていなければならない。それは、東部からプロレタリアートの補充軍が出てゆかないようにせきとめることと、大きな領主地が分割されて崩れてゆくのを、成り行きにまかせたり、さらには地代農場法*によっていやがうえにも拘束を解かれた諸力のはたらきに、委せきったりはしないことである。そ闘って、その敵のために故郷から追い出されているのではありません。かれらは、ひそかにも味気ない日々の経済生活の闘いにおいて、自分たちよりも劣った人種との勝負に敗れ、そのあげく故郷を捨てて、さだかならぬ未来のなかへと姿を消してゆくのです。経済的な生存闘争においても、平和はけっして存在しません。平和というあの仮象《みせかけ》を本当の平和だと思いちがいするひとだけが、平和と生きるたのしみとが、われわれの子孫のために、未来の胎内から生まれでるだろうと、信じることができるのです。われわれがよく知っているとおり、通俗の考えによると、経済政策というものは、世界を幸福にするための処方箋について思いめぐらすことだ、とされています――つまり人生の「快楽の貸借対照表」の黒字を大きくすることだけが、われわれの仕事の目標になるわけでして、それ以外の目標などというものは、通俗の考えには、てんで理解さえできないのです。しかし、深刻かつ厳粛な人口問題ひとつを考えるだけでも、われわれは幸福主義者になることはとうていできませんし、未来の胎内に平和と人間の幸福が宿されていると妄想することもできませんし、また、人間と人間との苛酷な闘いを経ることなしに、なにか他の方法によって、この世の権力的支配圏をわがものにできるだろうなどとは、とうてい信じられないのです。

およそ経済政策において、利他主義にもとづかないような事業というものは、なにひとつありません。このことはハッキリしています。経済政策や社会政策の領域で現在おこなわれるすべての努力を考えてみると、そこから生まれる成果のうちで、そのほとんど全部といってよいほどのものは、いま生きている人間の手には入らないで、未来の世代のために役立つものなのです。われわれの事業に意味を失わせたくないのなら、その事業を未来のため、すなわちわれわれの子孫のための配慮としておこなうほかありません。しかしそれにしても、楽観主義的な幸福の希望にもとづいて経済政策上の事業を起こすことは、けっしてできません。人類史が未知の未来へと入ってゆくその門の上には、平和と人間の幸福との夢どころか、つぎの句が掲げられているのです——一切の望みを棄てよ《ラシアーテ・オーニ・スペランツァ》*、と。

　われわれ自身の世代が墓場に入ったのちのことを考えるさいに、われわれが心をゆすぶられる問題は、未来のひとびとはどのような暮らしをするかということではなくして、かれらがどのような人間になるかということですが、これこそは、まさしく経済政策上のすべての事業の根底に横たわっている問題でもあるのです。われわれは、未来のひとびとの無事息災をこいねがうのではなくて、人間としての偉大さや気高さを形づくるとわれわれに感じられるような資質を、かれらのうちに育ててあげたいと思います。

　これまで経済学においては、財貨の生産にかかわる技術的な問題と、財貨の分配すなわち「社会的正義」の問題とが、価値基準として、かわるがわる前面に押しだされてきました。また、この二つの問題を同じものだと考えるような、素朴な見方もありました。しかしながら、この二つの問題を越え

んなことをすれば、桶の底をぶち抜いておいて水を汲むようなことになる。

て、つぎのような認識が、しかとは自覚されぬながらも、すべてのものを支配する力をもって、いく度も立ちあらわれました。それはなにかというと、人間に関する科学——経済学がそれです——がなによりもまず問題とするのは経済的・社会的な生活条件によって育てあげられる人間の質だ、という認識であります。この点で、われわれはある種の幻想に陥らぬように注意しなければなりません。

経済学は説明し分析する科学としては国際的なものです。しかし、ひとたび価値判断をおこなうとなると、経済学は、われわれが自分自身のうちに見出すような人間性の刻印に、しかと結びつけられているのです。しかもこの現象は、あたかも、われわれが自分たちの身に備わった民族的特性を脱皮しきったと思っているときに、いちばん強くあらわれることが多いのです。そして——いささか幻想的な比喩を使いますと——もしわれわれが数千年ののちに墓場から蘇ることができるならば、そのときわれわれが未来のひとびとの顔のうちに探し求めるものは、はるかなる時をへだてて残っている、われわれ自身の特質の痕跡でありましょう。たしかに地上の理想というものは、たとえわれわれにとって至高究極の理想であっても、有為無常のさだめを免れることはできません。われわれは、われわれの理想を未来に対しておしつけたいと望むことは不可能です。しかし、未来のひとびとが、われわれの特質をみて、これこそ自分たちの祖先の特質だと認めるようになること、これは、われわれが望んで叶うことであります。われわれはわれわれの仕事と特質とによって、未来の世代の祖になりたいものです。

したがってドイツ人の国家の経済政策は、ドイツ人の経済学者の価値基準がそうであるのとまったく同じように、ドイツ的でしかありえないのであります。

あるいは、経済の発展が国境を越えて、諸国民をつつむ経済社会をつくりはじめてから後は、事情がちがってきているのでしょうか。経済がそのような段階まで発展した後は、あの「国民主義的な」評価基準なるものは、「国民的利己主義」と同じように、経済政策においては、屑籠へ捨ててしまうべきものでしょうか。たとえば家族について考えてみると、家族が過去にもっていた生産共同体としてのはたらきを失って、国民経済社会のなかに編みこまれてから後は、経済的に自立して妻子を養うための闘いというものが、果たしてなくなってしまったでしょうか。われわれがよく知っているとおり、けっしてそうではありません。実はこの闘いのかたちが変ったただけなのです。しかも、そうしたあらしい形に変ったために、闘いは和らいだのであって、かえって深刻化したり尖鋭化したりはしなかった、といえるかどうか、これは大いに疑問だと申さねばなりません。それと同じように、国民経済社会というものも、諸国民のあいだの闘いの、いまひとつのかたちにすぎないのであって、このかたちは国民に固有な文化を主張するための闘いを、和らげるどころか、かえって困難にしました。というますのは、このかたちの闘いは、同胞としての国民自体の内部にある諸々の物質的利害を、国民の将来にむかって、相争わせるものだからであります。

われわれが子孫に餞けとして贈らねばならないのは、平和や人間の幸福ではなくして、われわれの国民的な特質を護りぬき、いっそう発展させるための永遠の闘いです。それゆえ、われわれのもとで経済的文化をできるだけ発展させ得たなら、それで仕事は終るのだと考え、そのあとは自由で「平和」な経済的闘争の淘汰作用にまかせておけば、結局ヨリ高度に発展した型のもの〔国民〕が、おのずから勝つことになるだろうというような、そのような楽観的な希望に、われわれはゆめゆめ耽ってはなりません。

われわれは子孫のために歴史に対して責任を負っていますが、そのさい、いちばん肝心な点は、どのような種類の経済組織をかれらに伝えるか、ということではなくて、地球上でどれほどの権力的支配圏をかちとって、かれらに遺してやれるかということであります。経済的な発展過程というものもまた、つきつめれば権力闘争です。経済的な発展過程が問題になるばあいに、最終的な決定権をもつのは、国民の権力的価値関心《マハトインテレッセ》でありまして、国民の経済政策は、それに仕えなければなりません。経済政策にかんする科学は、政治的な科学であります。この科学は政治の侍女です。しかし、たまたまそのときに支配権を握っている独裁者や階級がおこなう当面の政策に仕えるのではなくして、国民の永続的な権力的価値関心に仕える侍女なのです。そして国民国家とは、なにか漠然としたもので、その本質を神秘的なくらがりのなかに隠せば隠すほど、それだけますます尊いものになるようなものだ、と思っているひとが世間にはいますが、われわれにとっては、国民国家とはそのようなものではなくて、国民の世俗的な権力組織であります。われわれにとっては、この国民国家において国民経済を考えるさいにもまた、その究極的な価値基準は「国策 Staatsraison」です。世間には「国策」ということについて奇妙な誤解をしているひとがいて、そのひとたちは「自力救済」のかわりに「国家による救済」をおこなうこと、経済的な力を自由に放任するかわりに経済生活を国家の手で統制することが、国策だと思いこんでいます。だが、われわれは国策という言葉を、そのような意味でいうのではありません。あえて国策という標語をかかげるのは、それによって、つぎのような要求を示したいからなのです。その要求といいますのは、ドイツの経済政策の諸問題に対して——とりわけ、国家は経済生活に介入すべきか、どの程度に介入するのがよいのか、それとも国民の経済的諸力の束縛を解いて、それ独自の自由な展開にまかせるべきか、また、そうする時期はいつがよいか、というような問題に対しても——それらいちいちのばあいに、究極的・決定的な裁決を与えるのは、ドイツ国民とその担い手であるドイツ国民国家との、経済的および政治的な権力的価値関心でなければならない、ということです。

このような分かりきったことと思われる事実をことさら指摘するのは、果たして余計なことだったでしょうか。しかも、選りにも選って、経済学の若き代表者のひとりがそんなことを指摘したのは。——わたくしには、それが余計なことだったとは、どうしても思えません。なぜなら、あたかもわれわれの世代こそ、この単純きわまる判断の基盤を、いともやすやすと見失っていることが、まれではないように見受けられるからです。われわれがよく知っているとおり、われわれの世代の関心は、まさしく経済学を動かすような諸問題に向かって、思いがけぬほどに昂まってきています。あらゆる分野において、経済学的な考察方法が進出しています。政治のかわりに社会政策が、法律関係のかわりに経済的な力関係が、政治史のかわりに文化史・経済史が、事物を考察するさいの立役者になってきています。われわれの同僚の歴史家が書いたすぐれた著述をみると、むかしなら、祖先の武勲の物語りが載っていた個所に、いまでは、「母権制」という怪物が、ながながと寝そべっており、それに反して、カタラウヌム平野におけるフン族との戦闘*は、片隅へおしこめられているのです。われわれのうちでも、もっとも才気のあるひとりの理論家は、法学を「経済学の侍女」と名付けることができるとまでいってのけて、自信のほどを示しました。そして、つぎの一事は本当なのです。それは、法学のなかへも経済学的な考察の仕方が入りこんできて、法学の内陣ともいうべきローマ法全書綱要においてさえ、経済学の亡霊が、かすかながらもあちこちに、姿をあらわしはじめていることであります。さらに、裁判の判決文をのぞいてみても、昔なら法律上の概念だけで押しとおせたところへ、いわゆる「経済的視点」がその代りにあらわれることが、めずらしくありません。——法学専攻のある同僚が、非難まじりにいった言葉をつかうなら、要するに、われわれは「流行《うれ》っ子」になっているのです。ところが、こんなにも自信に充ちて行く手を切り開いている考察方法が、実は、ある種の幻想に陥りかけていて、自己の視点があてはまる領域を過大評価する危険を孕んでいます。しかも、この過大評価というのが、きまって同じ方向のものなのです。あたかも、哲学的考察の素材がひろがったために――それは、むかしからあった哲学の講座が、いまでは、すぐれた生理学者などの手に委ねられているることがめずらしくない、という外面的な事実からだけでも、知られます――人間の認識の本質を究明するという古来の問題は、もはや哲学の中心をなす究極問題でなくなったかのような思いちがいを、われわれ素人《しろうと》の間では起こしがちでしたが、それと同じように、青年層の頭脳には、つぎのような観念がつくられました。それはなにかというと、経済学の仕事のおかげで、人間社会の本質の認識が、すばらしく拡げられただけではなく、さまざまな現象を評価するさいの究極的な基準もまた、完全に一新されたかのごとくに考え、経済学は、それ自体の素材のなかから、独自の理想をとりだすことができるのだという観念であります。経済的な、あるいは「社会政策的な」理想というものが、なにか自立的なものとして存在するという考えは、まさしく見誤りでありますが、それが見誤りだということは、経済学関係の文献を手にとって、評価の「独自の」基礎なるものを見つけだそうとすれば、もちろんすぐにハッキリすることです。それらの文献をみると、われわれが出会うのは、さまざまな価値基準が混沌としている状態であって、そこには、幸福主義的な性質の価値基準もあれば、倫理的な性質の価値基準もあり、しかも、しばしばその二つが、ハッキリしないままに同じものとみなされている、といったありさまです。価値判断は、いたるところで、天真らんまんな仕方でおこなわれています。――経済的な諸現象の価値判断を断念するとすれば、それは実際、われわれに期待されている仕事そのものを放棄することになることは、申すまでもありません。しかしながら、現状においては、判断を下す当人が、自分の判断の究極にある主観的な核心を、すなわち、自分の観察した過程に対して一定の判断を下す源泉であるところの理想を、他人にも自分にもハッキリさせることが、普通にはおこなわれていないのでありまして、ほとんど例外だといってよいぐらいなのです。こんなふうであるのは、意識的な自己統御が欠けていて、判断のうちにふくまれた矛盾が、著者の意識にのぼっていないからなのです。そして、著者は、かれの特殊「経済的」原理なるものを、一般的な定式のかたちで言いあらわそうとすると、たちまち、なにがなんだかわけの分らぬことになってしまいます。本当をいうと、われわれが経済学の素材のなかへ持ちこむ理想も、自分でつくりだした独特の理想などというものではけっしてなく、むかしからあった一般的な型の人間的理想にすぎないのです。技術家につきものの、純プラトン風の興味〔社会関係にはまったく無関心なこと〕だけのうえにたっているひとか、それとも、それとは反対に、支配階級側であれ被支配階級側であれ、どれかきまった階級の実利だけを踏まえているひとか——そのようなひとたちだけが、経済学の素材そのもののなかから、その素材を判断するための独自の基準を取りだしたいと思うことができるのです。

そうだとすると、われわれほかならぬドイツ歴史学派の門弟たちが、このようないとも簡単な真理を見つめるということは、まるっきり不必要なことでしょうか。ほかならぬわれわれこそ、ひとつの特殊な幻想に陥りがちなのです。それは、われわれが自分自身の自覚的な価値判断というものを、一、般に、しないでもやってゆけるという幻想であります。このような幻想に陥ると、その結果どうなるかといえば、自分自身の自覚的な価値判断をしないという初志に、あくまで忠実であることではなくして、反省によって調えられないままの、本能とか同情とか反感とかのとりこになるということです。このことは、もちろんたやすく納得していただけると存じます。また、それよりもいっそうわれわれが経験しがちなことは、経済過程を分析し説明するさいの、われわれの出発点が、気付かぬうちに、その過程に対するわれわれの判断をも、左右しているということです。わが学派の、いまは亡き巨匠や存命の巨匠の――わが学派と科学とがその成果を負っているところの――あの偉大な特質が、われわれのところで、欠点に変じてしまわないように、われわれこそ、みずからいましめねばなりますまい。さて、経済過程を考察するさいの出発点として、実際上問題になるのは、二つであって、それらは互いにちがった性質をもっています。

ひとつは、主として上から、経済の発展を見おろす立場です。すなわち、大ドイツ諸邦の行政史の高みから、経済的・社会的な事象についての大ドイツ諸邦の行政的処置を、発生的に追求しようというわけです。このような立場をとると、われわれは、どうしても、その弁護者になります。さきの例でいうと、行政官庁が東部国境を閉鎖することに決定するばあいには、われわれは、つぎのように思いたくなるし、まだ実際そう思うことができるでしょう――現在の国家は、過去の偉大な足跡にしたがって、ドイツ国民文化を育成するという尊い使命を、歴史的な発展系譜によって与えられているのだが、東部国境の閉鎖こそは、この歴史的な発展系譜を完結させるものだ、と。ところが、東部国境の閉鎖が決定されないままになっていると、そのときには、われわれは、そのような過激な干渉は、必要でもないし、また、もはや今日の世界観にふさわしくもないことだと、こんなふうに考えがちなのです。

いまひとつは、むしろ下のほうから、経済の発展を考察するゆき方です。すなわち、さまざまの経済的な利害関係が混沌として相争っているそのなかから、上昇しつつある階級の解放戦が、どのようにたちあらわれてくるか、という大芝居をながめて、経済的な力関係が上昇しつつある階級のほうに有利に展開してゆくありさまを、観察するのです。このような見方をすると、上昇しつつある階級は、現にほかの階級よりも強いか、ほかの階級よりも強くなりはじめているかであるのですから、われわれは、知らず知らずのうちに、その階級の味方になります。実のところ、上昇しつつある階級は、勝つということ自体によって、「経済的に」他よりも高級な型の人間であることを証明しているようにみえるのです。実際、歴史家はつぎのような観念に、あまりにもかぶれやすいのです。それは、他よりも高度に発展しているものが戦いに勝つのはわかりきったことであり、生存闘争で敗けるのは「時代おくれ」のしるしだ、という観念であります。そして、そうしたばあい、階級間の力関係の移りゆきを示す数多くの徴候のうちのどれかがあたらしく見つかると、そのたびごとに、歴史家は一種の満足感を味いますが、その理由はかれの観測の正しさが確かめられたということだけではなく、かれが半ば無意識のうちに、そのような徴候の出現を、まるで自分自身の勝利のように感じるということにもあるのです。つまり、歴史家が歴史に宛てて振出しておいた手形を、歴史が支払ってくれるというわけです。〔ところが〕階級間の力関係の右のような発展のなかに、それに逆らうような事象がでてくると、歴史家はそのものを、自分でも気づかぬうちに、ある種の敵意をもってながめるのです。わざとそのような眼でみるつもりはないのですが、かれには、階級間の力関係の発展にさからう事象が、はっきりとした利益の主張からおのずと出てくる結果なのだと単純には思えず、むしろ、いわばかれが定式化した「歴史の審判」に対する叛逆のように思えてくるのです。一体、われわれは、いろいろな歴史的発展傾向が産み出す結果のうち、われわれの予想を裏切ってあらわれるような過程に対しても、批判を加えなければなりません。ところが、右のような立場にたっていると、批判がもっとも必要なちょうどそのときに、われわれは批判力を失ってしまっていることになるのです。実際、つぎのような誘惑が、われわれのあまりにも身近かに迫っています。それはなにかというと、われわれは、経済的な権力闘争の勝者のお供になって、そのあとについてゆきたくなるし、そしてそのさい、経済的な力と国民を政治的に指導する使命〔を帯びること〕とは、いつも一致するとはかぎらないことを忘れたがることであります。

なぜこういうことを述べるかというと——かくて、われわれは実践的・政治的な色彩のつよい諸考察の最後の線に達するのですが——われわれは、右に述べた政治的な価値基準で、国民の指導権を握っている階級または握ろうとしている階級の値打ちを測るからであります。そして、この基準こそは、われわれ経済的国民主義者にとって、ただ一つの最高の基準なのであります。われわれが問題とするのは、その階級の政治的成熟ということです。すなわち、その階級は、国民の永続的な経済上・政治上の権力的価値関心を、そのほかの一切の考慮にさきだって尊重することを、心得ているのか、また、心得る力をもちうるときがあるのかどうか、この点こそわれわれが問題とするところなのです。自分の属している階級の利害と国民全体の利害とを、素朴にも、同じものだと考えることが、たまたま、国民の永続的な権力的価値関心に副うているなら、それは、その国民にとってまことに運命の贈物ともいうべき僥幸であります。そして、他方において、もしつぎのように考えるとするなら、それもまた、普通使われている意味での「経済的なもの」を過大に評価することにもとづく当世流の迷妄のひとつだと、いわねばなりません。すなわち、政治的な共同体意識は、相異なった、日々の経済的な諸利害で試してみると、もちこたえられぬぐらいに弱いものであり、また恐らくは、政治的な共同体意識というものも、実は、あの転変つねなき日々の利害関係という経済的下部構造のひとつの反映物にすぎないのだ、という考えがそれであります。このような考え方があてはまるのは、社会の根本的な再編成の時期についてだけであって、しかも、そのばあいでも、ほぼ当てはまるとしか言えないのです。ともかく、つぎのひとつのことだけは、たしかです——イギリス国民のばあいには、国民の経済的繁栄がその国のもつ権力の程度に依存しているということが、日常的にわかるのですが、そのことが日々の経験ではわからない国民にありましては、この、すぐれて政治的な関心に対する本能は、日々の生活の辛苦と闘わねばならない広汎な国民大衆の心に宿っていないということ、すくなくとも、通例は宿っていない、ということがそれであります。――かれらにその本能を求めるのは、不当だといわねばなりますまい。たしかに、戦争というような重大な瞬間においては、国民の権力の意義が大衆の心にもひしひしと感じられます。そして、その時こそ、国民国家というものが、国民のうちの、経済的には支配されている広汎な層においても、本然《ねん》的な心理的基盤のうえにうち樹てられているのであって、経済的に支配している階級の組織というような、ひとつの「上部構造」にすぎないものではけっしてない、ということがあきらかになります。しかし、無事平穏の時期になると、このような政治的本能は大衆の意識にのぼることなく、識閾下に沈んでいるのです。このような時期において政治的感覚の担い手であることが、経済的および政治的な指導的階層に特有な職務なのでありまして、政治的な視点からいうと、それこそ指導的階層のただひとつの存在理由なのです。

いつの時代についてみても、ある階級が経済的な力を獲得すると、かならず、その階級のなかには、自分たちこそ政治の指導権をひきつぐのだ、という考えが起こってきました。経済的に没落しつつある階級が政治の支配権を握っているのは、危険なことであって、そうした状態が長びくと、国民の利益と相容れなくなります。それはたしかです。しかし、それよりもいっそう危険なのは、経済的な力がある階級の手へ移ってゆき、それとともに、その階級には政治の支配権を握る見込みが開けてきているにもかかわらず、その階級が国家を指導できるほどに政治的に成熟していないという状態です。この二重の危険な事態が現在のドイツを脅かしているのでありまして、実をいうとその点にこそ、わが国に迫っている危機の実相を解く鍵があるのです。そして、東部の社会構造の編成替え——わたくしがこの講演のはじめにお話しした諸現象は、この編成替えにつながっています——もまた、そのような、いっそう大きな連関のなかで、考えるべきものであります。

プロイセンという国では現在までずっと、王室が政治の面でプロイセンのユンカーを頼りにしてきました。王室がプロイセンという国を建設したのは、たしかに、ユンカーに対抗してではあったけれども、それでもやはり、ユンカーの力を借りてはじめて、それができたのです。南ドイツのひとびとは、ユンカーという名称を聴くと、なにか不快な感じを受けることを、わたくしはよく承知しています。わたくしがユンカーの肩を持つようなことを、一言《こと》でもしゃべろうものなら、おそらく諸君は、わたくしが「プロシャ」弁をつかっているのだと、思われるでしょう。そうじゃありませんか。それはともかくとして、プロイセンでは、権勢を手に入れる点でも、また、君側《くんそく》に近づくについても、誰にでも開かれているのではないような道が、今日でもなおユンカーには豊富に与えられています。しかるに、かれらは、かれらに与えられたこの力を、歴史に対して責任を負うといえるような仕方で、かれらいつも使ってきたのではありません。だから、およそブルジョワジー出身の学者たるものが、かれらに愛着を感じるいわれは、すこしもないのです。しかし、それにもかかわらず、過去において、ユンカーの政治的本能の力は、国家の権力的利害関係のために役立つことのできたいろいろな基本財《もとで》産のうちでも、そのもっとも強力なもののひとつだったのです。——ところがいまや、ユンカーは自己の任務を果たし終えて、生きるか死ぬかの経済的闘争に巻きこまれています。かれらをこの闘争から救い出して、昔日の社会的性格をとり戻させるということは、国家がたとえどのような経済政策を施してみても不可能です。のみならず、現在の課題というものは、ユンカーの手で解決できるようなものとは、ちがっています。四半世紀のあいだ、ドイツの頂点には、ユンカーの最後にして最大の人物〔ビスマルク〕が立っていました。政治家としてのかれの生涯は比類なく偉大でしたが、その偉大さの影には、つねに悲劇性がつきまとっていました。今日でも、多くのひとはこの悲劇性に気づいていません。しかし、おそらく将来のひとたちは、この悲劇性がつぎの点にあることを知るでしょう。それは、かれの手に成った作品、すなわち、かれが統一させた国民そのものが、かれの手もとで、徐々にではあるが押しとどめられぬ勢をもって、その経済的構造を変えていって、まるでちがった国民になってしまったこと、そして、このあたらしい国民は、かれが、かつての日に、与えることができたし、また、かれのシーザー的な本性〔独裁者的性質〕が適合できたような秩序とは、ちがった秩序を、求めずにいられなくなったことであります。結局においては、まさしくこのことが原因となって、かれの畢生《ひっせい》の作品に、ひびがはいったのです。なぜ、そういうかと申しますと、この畢生の作品は、外的にだけではなくして内的にも、国民を統一させるべきものであったのに、われわれ誰もがよく知っているとおり、国民の内的統一は、ついに達成されてはいないからです。それは、かれの用いた手段をもってしては、できなかったのです。そして、かれが昨年の冬、飾りたてられた首都へ、君主の寵愛に身を包まれながら乗りこんだとき、*——わたくしはよく覚えていますが——あたかもキフホイザー山物語り*の現代版のように、ザクセンの森がその奥底を開くかのような感じを、多くのひとびとは受けたのでした。しかし、すべてのひとがみな、そのように感じたのではありません。といいますのは、歴史の無常性の冷やかな息吹きを、正月の日の大気のなかに感じとることができるように、思えたからです。われわれは、締めつけられるような一種異様の感に打たれました——それはちょうど、ひとつの霊が、偉大な過去のくにから舞い降りてきて、かれにはもはや見知りのなくなってしまった世界を、あたらしい世代のなかにまじって、さまよい歩いているのを見ているような感じでした。

東部の領主屋敷は、かつての日には、プロイセンの支配階級の、農村に散りばめられた保塁《とりで》であり、官僚層の社会的な継《つな》ぎ目でした。しかし、この保塁が崩れてゆくにつれて、いいかえると、むかしの土地貴族に備わっていた社会的性格が消えさってゆくにつれて、政治的本能の重心の所在は、とどめがたい勢をもって都市へと移りつつあるのです。この移りゆきこそは、東部の農業の発展にとって決定的な政治的契機であります。

そうだとすると、ユンカーのあの政治的職務は、一体どのようなひとびとの手に受けつがれようとしているのでしょうか。また、そのひとたちは、どのような政治的使命を担っているのでしょうか。

　わたくしは、ブルジョワジーの一員であって、自分でもブルジョワジーの一員だと感じていますし、ブルジョワジーの物の見方や理想のなかで、育くまれてきました。しかし、上に向かっても、下に向かっても、また自分の属している階級に向かっても、嫌がられることを言うことこそ、われわれの科学の使命であります。そこで、果たしてドイツのブルジョワジーは、現在、国民を政治的に指導する階級であるといえるほどに成熟しているのか、と自問してみると、わたくしは、現在においては、この問に対して、然り、と答えることができないのです。ドイツの建設は、ブルジョワジー自身の力によるものではありませんでした。そして、ドイツという国が造りあげられたとき、国民の頂きに立ったのは、あの、シーザーのような人物〔ビスマルク〕であって、かれはブルジョワジーの幹とはちがった幹からでた樹冠だったのです。そのとき以後、偉大な権力政治的課題が国民に与えられることは、絶えてありませんでした。ずっとのちになって、海外進出の「権力政策」*が、おずおずと、半ばいやいやながら、はじめられはしましたが、それは実は、権力政策という名にふさわしい内容のものではありません。

　このようにして、国民の統一が達成されて、国民がすっかり政治的に「飽満」してしまってからのちに、成果に酔いしれ平和に渇えたドイツ・ブルジョワジーの青年層は、「非歴史的」で非政治的な、一種奇妙な精霊にとり憑かれました。ドイツの歴史は、もはや、終点に達したようにみえたのです。

過去数千年の努力は、現在において残るくまなく実現された――将来のひとびとは、それとはちがった判断を下すかも知れないなどと、あえて問うものがあろうか。世界史が、いやしくも礼儀というものを弁えているのなら、ドイツ国民のこの成果をさし措いて、世界史の日々の出来事を、あげつらうことはできないはずだ――と、このように思われたのです。今日では、われわれは、もはや陶酔から醒めています。祖国の歴史的発展のなかで、われわれの世代が占めている地位を、われわれに見えないようにしている幻想のヴェールを剝ぎとることは、われわれにふさわしい試みであります。そして、幻想のヴェールを剝いでみれば、われわれは、右のような見方とはちがった判断をするでしょう。実をいえば、われわれは、およそ歴史がある世代に餞けとして贈りうる呪いのうちでも、いちばんひどい呪いを、生まれながらにして受けているのです。すなわち、政治的エピゴーネンであるという苛酷な宿命を、負わされているのであります。

　いま、祖国のどこへ眼を向けてみても、祖国のみすぼらしい顔付きが、われわれを見返しているではありませんか。ブルジョワ政治家が、第一に責任を負わねばならない、最近数カ月の出来事や、つい先日、帝国議会において述べられた盛り沢山なことがら、さては、帝国議会に向かって放たれた多くの言葉*――われわれのうちで、卑小なものを憎む力をまだ失っていないほどの人間は、これら一連のことがらのなかに、政治的エピゴーネン特有のちっぽけな遣《や》り口が、あらわれているのを見て、憤《いきどお》ろしくも悲しい気持ちになりました。ドイツの天頂にあって、ドイツの声価を地球のすみずみにまで照り輝かせた、あの強烈な太陽〔ビスマルク〕は、われわれには余りにも偉大すぎて、そのために、ブルジョワジーの、徐々に発達しつつあった政治的な判断力を、焼き亡ぼしてしまったようにみえます。こういっても、あながち誇張ではありますまい。なぜというに、われわれはブルジョワジーについて、どんなことを体験しつつあるでしょうか。

大ブルジョワジーの一部は、あまりといえばあまりにも露骨に、あたらしい独裁者の出現を待望しています。この独裁者は、下に向かっては、庶民階級の台頭に抗してかれらを護り、上に向かっては、気まぐれな社会政策から、かれらを庇ってくれるはずであって、気まぐれな社会政策という点では、かれらはドイツの王室を信用できないのです。

大ブルジョワジーの他の一派は、小ブルジョワジーの広汎な層がそのなかで眠りこけているあの政治的な素町人根性の泥沼へ、ずっとまえから、はまりこんでしまっています。統一戦争*ののちに、積極的な政治的課題の兆《きざ》しともいうべき海外発展の思想が、国民のうちにあらわれはじめたとき——そのときにすら、右のような大ブルジョワジーには、ごく初歩的な経済の理解力さえなかったのです。もし、経済のイロハがわかっていたとしたら、ドイツの国旗があちこちの海岸にひるがえることが、ドイツの遠洋通商にとってどのくらい大きな意味をもつかを、かれらは理解したはずであります。

ドイツ・ブルジョワジーのひろい層が政治的に成熟していない原因は、経済的な事情にあるのでもないし、また、評判のわるい、あの「利益追求政策」にあるわけでもありません。「利益追求政策」というものは、ドイツに限ってみられる現象ではなく、他の国民も、われわれに劣らず体験しているとところです。政治的な未成熟さの原因は、ドイツ・ブルジョワジーの、非政治的な過去にあるのです。すなわち、一世紀にわたる政治的教育という事業を一〇年のうちに取りもどすことはできなかったということ、そして、ひとりの偉大な人物の支配は、かならずしも政治的教育の手段ではない、ということにあります。そこで、ドイツ・ブルジョワジーの政治的未来にとって、現下の厳粛な問題はといえば、政治的教育という事業の遅れを取りもどすことが、もはや、おそきに失してはいないか、ということであります。いかなる経済的契機も、政治的教育という事業の代りを果たすことはできません。

それでは、他の階級がいっそう偉大な政治的未来の担い手になるでしょうか。近代的プロレタリアートは、自分こそブルジョワジーの理想を継ぐものであると、誇らかに名乗りでています。かれらが国民の政治的指導という役割りをひきつぐ見込みはあるでしょうか。

いま、ドイツの労働者階級に向かって、君たちは政治的に成熟しているとか、政治的に成熟しつつあるとか、そういうことをいうひとがいるなら、そのひとは、世間のいかがわしい人気を獲ようとする、阿諛《あゆ》の徒にすぎますまい。

経済的には、ドイツ労働者階級の最上層部は、有産者階級が、利己主義的な立場から、しぶしぶ認めるような程度をはるかに越える成長ぶりを、示しています。そして、かれらが、自分たちの利益をまもるために、公然たる、組織的な経済的権力闘争に訴えることも、これまた至極もっともであります。しかし、政治的には、かれらは、かれらの指導権をひとり占めしようと企んでいる一派のジャーナリストたちが、かれらに信じさせようとしている水準よりも、ずっと未成熟なのです。このようなジャーナリストたちは、実は、ブルジョワ階級から落伍したブルジョワなのですが、かれらの仲間うちでは、百年前の時代の思い出〔フランス大革命のこと〕を、もてあそぶことが好まれています。——だが、そこからでてくる実際上の結果はといえば、そこかしこの、不安の念にとりつかれたひとたちが、ドイツ労働者階級の最上層部こそ国民公会のひとびとの*精神的後裔だと、思っているだけのことなのです。しかし、実は、ドイツ労働者階級の最上層部は、自分自身でそう思っているほどには危険な存在ではなく、はるかに無害なものなのです。国民公会の議場を風靡した、あの反抗的な実行力のひらめきが、かれらのうちには見当りませんし、同じく国民公会の議場に充ちていた強烈な国民的情熱の息吹きなどというものは、勿論、すこしもないのです。かれらは、みすぼらしい政治的職人にすぎません。かれらには、政治的指導という使命を帯びた階級につきものの偉大な権力本能が、欠けています。労働者階級が政権を分担することに対して政治的に反対するものは、今日では、資本の利益につながっている人間だけだと、そんなふうに労働者たちは思い込ませられていますが、事実は、けっしてそうではないのです。ドイツの学者たちの書斎を、いくら探しまわってみても、学者たちが資本の利益と手をつないでいるという形跡は、ほとんど見つけられないでしょう。しかし、われわれは、他の階級に対して同じく、労働者階級に対しても、その政治的成熟の度合いを問うているのです。そして、およそ大国民にとって、何にもまして破滅的な打撃は、政治的な教養のない素町人層によって指導されることであるのに、ドイツのプロレタリアートは、いまだに、政治的な素町人根性を洗いおとしていないからこそ、われわれは、政治的にはドイツ・プロレタリアートの反対者になるのです。しからば、一体どうして、イギリスやフランスのプロレタリアートの一部は、ドイツのプロレタリアートとはちがった性格をもつようになったのでしょうか。その理由を考えてみると、イギリス労働者階級の組織的な経済闘争が、かれら自身に対して、いちはやく経済的教育を施し終えた、ということだけではありません。主な理由は、やはり政治的な契機です。すなわち、世界的国家という地位の反響がそれであって、世界的国家という地位のために、国家はたえず偉大な権力政策的課題に直面させられ、ひとりひとりの国民が、日ごろから政治的訓練を受けるわけです。ところが、ドイツでは、ひとりひとりの国民が、政治的訓練を受けるなどということは、国境が脅かされたときに突如として起こる現象にすぎません。——われわれの発展の成否もまた、果たしてなんらかの偉大な政策があらわれて、偉大な政治的権力問題の意義を、いま一度、われわれの眼に焼につけることができるかどうか、という点にかかっています。もしも、ドイツの統一が、ドイツの世界的権力政策の終りであって出発点ではないとするならば、ドイツの統一は、国民が過去の日に犯した若気のあやまちであり、そのために払った犠牲の大きさを考えると、むしろ、なくもがなの仕業《しわざ》であったこと、われわれはこのことをハッキリと知らなければなりません。

われわれの現状を脅かしているのは、まさしく、つぎのことです。すなわち、ブルジョワ階級が、国民の権力的価値関心の担い手としては、凋落しつつあるようにみえるのに、労働者階級が、それにとって替るほどに成熟しはじめているという徴候をまったく示していない、ということであります。危険はどこにあるかというと、――まるで催眠術にかけられたように身じろぎもしないで、社会のどん底をじっと見つめているひとたちが、信じているところとはちがって――実は、大衆にあるのではありません。被支配者層の経済状態がどうか、ということではなくして、現在の支配階級および上昇しつつある階級に、政治的能力を賦与することこそが、社会政策の問題にとっても、究極の内容をなすのです。われわれの社会政策事業の目的は、この世を幸福にすることにあるのではなく、現代の経済的発展のためにバラバラになった国民を、来るべき困難な闘いに備えて、社会的に統一することにあります。現在の労働者運動には、残念ながら、政治的感覚というものが欠けていますが、もし、幸いにして、政治的感覚を身につけた「労働貴族層」を、実際に創りだすことができたなら、そのときこそは、ブルジョワジーの腕では担いきれないようにみえる槍が、ブルジョワジーよりもたくましい労働貴族層の肩に、移されてよいでしょう。だが、そうなるまでには、前途なお程遠いように思われます。

現在の問題として、われわれに分かっていることは、つぎの一事です。それは、巨大な政治的教育事業が、おこなわれねばならないこと、そして、わが国民の政治的教育*というこの課題を自覚して、おのおの自分の身辺の小さな範囲で、この課題の実現に貢献することが、われわれにとって何よりも厳粛な義務だ、ということであります。そして、わが国民の政治的教育こそは、まさしく、同時にわれわれの科学の究極目標でなければなりません。過渡期の経済的発展は、自然的な政治本能をば崩壊させる危険を、孕んでいます。それなのに、もしも経済学までもが、自立的な「社会政策的」理想という幻想にかくれて、柔弱な幸福主義をはびこらせ、そうすることによって、自然的な政治本能の崩壊に拍車をかけるとするなら、それこそ不幸なことでありましょう。そのさい、右にいう柔弱な幸福主義が、たとえどのように洗練された形のものであろうと、事柄の本質に変りはありません。

　したがって、ほかならぬわれわれが、つぎのことを指摘するのは至極当然といえるでありましょう。それはなにかというと、われわれが、国民の将来の社会平和に対する不信任投票を、箇条書きの公式にして叩きつけようとしてみたり、あるいは、地上の政権《ブラキウム・サエクラーレ》が、現世の威信を支えるために、教会と手を結ぼうとするなら、そのような行為は政治的教育のまさに逆だ、ということです。しかし、それだけではありません。あの――遠慮のない言い方をしますと――あちこちにウヨウヨしている社会政策家たちの、たえず拡がってゆく、千篇一律の遠吠えのごとき合唱もまた、政治的教育の反対物です。また、政治的な理想を「倫理的な」理想で置きかえることができると思い、さらに、倫理的な理想と楽観的な幸福の希望とを、無邪気にも、同じものだと考えているひとがいますが、このような考えを抱くのは、気質が柔弱になったせいであります。このような気質の柔弱化は、人間としては、敬愛されてよいことでしょうが、政治的には俗臭紛々たるものであって、やはり、政治的教育の反対物だといわねばなりません。

国民大衆の生活の窮乏は、わかい世代の鋭くなった社会的良心を悩ましていますが、われわれは、大衆の窮乏という事実に面とむかいつつも、やはり、つぎのことを率直に打明けねばなりません。それは、現在、大衆の窮乏という事実にも増して、いっそう重くわれわれの上にのしかかっているのは、歴史に対するわれわれの責任の意識だ、ということです。果たして、われわれがおこなっている闘いは実を結ぶのか、後世のひとびとはわれわれを自分たちの祖先として奉ずるだろうか、こうしたことを自分の眼では見届け得ないのが、われわれの世代の運命《さだめ》です。われわれは、政治的に偉大なりし時代の後にうまれたという、われわれにかけられた呪いを払いのけることは、できないでしょう。――とすれば、われわれは、なにかそれとは違ったもの、すなわち、いっそう偉大な時代の先駆者になることを、心掛けねばなりますまい。われわれは、そのような地位を史上に占めうるでしょうか。それはわかりません。わたくしは、つぎのことだけを、いっておきます。自分自身と自分の理想とに忠実であることこそ、青年の権利なのだ、と。人間を老いさせるのは歳月ではありません。自然がわれわれに与えた大いなる情熱をもって、ものごとを感じとることができるかぎり、そのひとは若いのです。それと同じように――これをもって、講演の結びとしたいと思います――およそ偉大な国民というものは、数千年にわたる輝かしい歴史を背負っているからといって、その重荷のために老衰するわけではありません。自分自身と自分に与えられた大いなる本能とを率直に信じて、それに従ってゆくだけの力と勇気を失わないなら、そして、国民の指導層が、きびしい澄みわたった大気のなかへ毅然として立ちうるならば、その国民はいつまでも若いのです。ドイツの政治という冷静な事業は、このきびしい澄みわたった大気のなかで着々と捗《はかど》ります。そして、その事業には、すばらしい真心からの国民的感情がただよっているのであります。

訳　註

六頁　ノイマン　Friedrich Julius von Neumann（一八三五―一九一〇）　経済学者、一八七〇年にバーゼル大学教授、一八七三年にフライブルク大学教授、一八七六年にチュービンゲン大学教授となる。とくに、租税問題を研究して、その方面の著作が多い。Die progressive Einkommensteure im Staats-und Gemeindehaushalt, 1874. Ertragssteuern oder persönliche Steuern vom Einkommen und Vermögen ? 1876. Die persönlichen Steuern vom Einkommen usw, 1896. など。本文に書かれている「ノイマンの指導する数人の学生たちの、あの立派な業績」というのはよく分らない。

九頁　カシューブ人が住んでいる砂地の高地　カシューブ人というのは、はやくから北部および東部ドイツに住みついたスラブ人種の子孫で、西プロイセン州においては、非ドイツ人住民の有力な一派をなしていた。カシューブ人が住んでいる砂地の高地というのは、ウィスワ河以西の高地帯を指すものであろう。ウェーバーは、『東エルベ・ドイツの農業労働者の状態』Die Verhältnisse der Landarbeiter im ostelbischen Deutschland, 1892 においては、西プロイセン州を、ウィスワ河畔の平地およびそれ以東の高地と、ウィスワ河以西の高地とに、二分して分析しており、ウィスワ河以西の高地についての標題は、Pommerellen und Kassuben となっている（Weber ; ibid. S. 242)。

一〇頁　「領主地区域」　„Gutsbezirk" 本文にみられるとおり、行政単位としては、郡の下位で、村落や小都市と並ぶ地方の下級自治体である。領主地区域の行政長官は、領主長 Gutsvorsteher であるが、かれは、その領主地区域が一、〇〇〇モルゲン（約二五〇ヘクタール）を越えるばあいには、警察管区長を兼ねるし、また、検事の補助役として下級裁判事務にも参加する。ユンカーは、自分が領主長にならないときは、領主長を指名することができる。領主長は、行政権・警察権のほかに、教会保護権・学校保護権までもっているから、領主地区域はユンカーに残された最大の特権であった。ユンカーは、ここでは、以前の領主としての性格を濃厚に残していたのである（村瀬興雄『ドイツ現代史』二三―二四頁参照）。
　なお、本文の訳語について一言すると、Landgemeinde を「村」、Dorf を「村落」、Gemeinde を「自治体」としておいた。

一〇頁　農場日雇労働者　Tagelöhner　適訳が見つからないので、一応、農場日雇労働者としたが、本文の叙述からも知られるとおり、普通の意味での日雇労働者ではない。ウェーバーは、『東エルベ・ドイツ農業労働者の状態』において、Gutstagelöhner を、インストロイテ Instleute と同じ意味に用い、それに対して「自由な」農業プロレタリアートを指すときには、freie Tagelöhner といっているが（ibid. SS. 11, 68, 226 usw.）、本文での Tagelöhner は Gutstagelöhner と同義、すなわち、インストロイテのことである。かれらは、ユンカー経営の労働力の根幹をなしていたが、その特徴はつぎの点にある。㈠契約は一年単位で、しかも、労働者個人と雇用主の契約ではなく、労働者家族と雇用主との契約であること。労働者は、自分の子供の労働力を提供しえないばあいには、その代りに、誰かを自ら雇って、Scharwerker（手伝賦役農夫）として、雇用主に役立てねばならない。労働者の妻も、雇用主のために働かねばならぬことがある（とくに刈入れ時に）。㈡本文にも示されているように、かれらは、雇用主所有の住宅を貸与される。㈢かれらは、契約によって定められた労働に対して、日割り賃金を与えられるが、その賃金率は、その地方の一般水準よりも、ずっと低いものであって、かれらの家計を支える主たる源泉は、冬季の打穀労働のさいの分け前 Dreschanteil である。㈣かれらは、さらに、菜園と畑地とを貸与され、領主地で家畜を放牧すること（かれらは、普通は牝牛その他の家畜をもっている）を認められている。しかし、これらの給付の点では、さまざまな形態がみられる。たとえば、畑地の代りとして、小麦・馬鈴薯が与えられるというふうに。㈤かれらが契約を破って逃散したばあいには、雇用主はかれらを連れもどす権利をもっている。Vgl. Weber, M., Die Verhältnisse der Landarbeiter im ostelbischen Deutschland, 1892. SS. 11–18.

一七頁　文化闘争　一八七一――一八八〇年の期間に、ビスマルクおよびドイツの自由党の連合とカトリック教会・中央党とのあいだに起こった宗教的・政治的闘争である。そのそもそもの端緒は、ローマ・カトリック教会の一八六四年および一八七〇年の二つの訓令であって、そのなかには、ローマ法皇の不可謬性の主張をはじめとして、およそ近代的自由を真向から否定するような諸命題がふくまれていた。したがって、多数のカトリック教徒をもつ諸国（フランス、オーストリアなど）においては、右の法令は大きな問題を投げかけたのであるが、ドイツにとっては、直接には、それほどの問題でもなかった。ビスマルクは、はじめはむしろ、ローマ法皇と結ぶことによって、ドイツ国内のカトリック教徒をみずからの側へひきつけようとしたのである。だが、この企ては失敗におわり、カトリック教徒を地盤とする中央党が、ビスマルクの反対党として立ちあらわれ、カトリック教徒はローマ法皇への信仰を棄てなかった。かくして、ビスマルクは一八七一年六月以降、中央党およびカトリック教徒の弾圧政策に乗りだすこととなる。かれは、まずプロイセン文教局内のカトリック課を廃止し、一八七二年には、一切のジェスイット結社を解散し、その結社の成員を国外追放に処しうる権限を、帝国議会の承認によって獲得し、さらにプロイセン州会を通じて、学校教育からカトリック的要素を一掃する政策をすすめた。このビスマルクの政策は、議会においては、はじめは自由党と保守党との支持を受け、のちに保守党は反対派にまわることとなったのであるが、ビスマルクの政策が国民のすくなくとも三分の二の支持を受けたのは、それが、中世的なローマの支配に対してドイツ文化と近代的ドイツ国家とを確立するための闘いであると喧伝せられ、一般にそのように信じられたためである。しかし、カトリック教徒・中央党は根づよい反撃をつづけ、ビスマルクの弾圧政策は十分には成功しなかった。のみならず、ビスマルクは一八七九年の「穀物と鉄との保護関税」による政策転換のさいに、中央党に接近し、文化闘争の期間中ビスマルクの結んでいた自由党は、衰勢に向ったのである。文化闘争は一八八〇年をもって、完全に終了した。「文化闘争」という名称は、進歩党の議員であったベルリン大学病理学教授フィルヒョウ Rudolf Virchow (1821–1902) が選挙演説において使用し、それが一般に流布したものであって、「カトリック教会は文化の敵である」というところから出てきた言葉である。Vgl. Eyck, E., Bismarck and the German Empire, 1941. pp. 202–210.

二〇頁　西プロイセンから送られてきた領主たちの報告　ウェーバーの『東エルベ・ドイツ農業労働者の

状態』(一八九二年)は、よく知られているように、社会政策学会の委託によってまとめられたものであるが、それは、東エルベの農業家(=雇用主)に対して調査用紙を送り、それを回収したものを基礎資料としている。「領主たちの報告」というのは、調査用紙に書きこまれた、かれらの回答を指すものと思われる。

二一頁　領主地の外圍であったところには、零細小作農および小農の部落ができています　東エルベのうちでも、とくに北部(西プロイセンをふくむ)において、領主地の中心部から遠い部分(外圍 Aussenschläge)が手放されたり貸地に出されたことは、ウェーバーの指摘したところであり(Die Verhältnisse, SS. 45-46)、ゼーリンクも、ウェーバーを引用してそれを確認している(Sering, M., Die innere Kolonisation im östlichen Deutschland, 1893. S. 77)。

二三頁　人間の「培養」という思想はすでにプラトンの『国家』に出ている　プラトンの『国家』における理想国の構図においては、衣・食・住の必要から、まず生産階級が発生し、生活のための協力団体である国家が一定の大きさに達すると、国防および国内秩序の維持のために、戦士(守護者)階級が成立する。そして、戦士階級のなかから、国家統治の真の適任者たる哲人が育成されるのであるが、その過程は、つぎのごとくである。(1)戦士はすべて、少年期に、体育と文芸の初等教育を受け、(2)そのなかから選抜されたものが、算術・幾何学・天文学・和声学を授けられ、(3)三十歳になると、さらに、そのなかから選抜されたものだけが、弁証論の学習に入る。かれらは、三十歳から三十五歳までの五年間を研究に捧げ、つぎの十五年間には、政治や実務の経験を積む。(4)かれらのうち、あらゆる試練に堪え、すべてに抜群の成績を挙げたものだけが、五十歳になったとき、哲人統治者の資格を授けられる。哲人統治者たちは、交替で政務をつかさどり、政務に従事しない期間中は、弁証論の研究をおこなうのである。(プラトン『国家』とくに第二、三章)

プラトンの『国家』における教育論は環境による資質の陶冶を重視し、人間を、おのおの、その職分に適するように育てようとするところに、ひとつの特質があるといわれている(久保勉『プラトン 国家論』八二頁参照)。ただし人間の「培養」Menschen=„Züchtung"という言葉は、オットー・アペルトによる『国家』の独訳には、見当らない。ウェーバーは、アペルトが、Bildung ないし Erziehung と訳しているものの原語を念頭においていたのかと思われる(Vgl. Platon Sämtliche Dialoge, Bd. IV. neu übersetzt und erläutert von Otto Apelt.)。

二三頁 ランゲの『労働者問題』 ランゲ Friedrich Albert Lange(一八二八—七五)は、一八七〇年にチューリッヒ大学教授、一八七三年以降マールブルク大学の教授となった著名な哲学者で、マールブルク派新カント主義の創設者である。かれの思想の特徴は、数学・物理学の上に理論哲学をうち樹てようとしたこと、カントの倫理学を講壇社会主義にまで拡大して、社会的なものにしようとしたことである。『労働者問題』は、正確には『労働者問題——現在および将来に対するその意義』Die Arbeiterfrage. Ihre Bedeutung für Gegenwart und Zukunft という表題で、一八六五年の初版以来、多くの版を重ねたもの。その構成は、「第一章 生存のための闘い」「第二章 優越した地位のための闘い」「第三章 幸福と至福」「第四章 生計」「第五章 資本と労働」「第六章 財産・相続権・地代」「第七章 労働者問題の解決について」となっている。なお、ランゲの主著『唯物論史』Die Geschichte des Materialismus und die Kritik seiner Bedeutung, 1866には、賀川豊彦氏による邦訳が春秋社から、川合貞一郎氏による邦訳が丸善および実業之日本社から、刊行されている。

二三頁　ヴァイスマン　August Weismann（一八三四―一九一四）。ドイツの医師、遺伝学者、進化論者。はじめは医師であったが、のち、フライブルク大学の動物学教授となった。生殖質の連続を説き、体細胞の受けた獲得性影響は遺伝しないと述べて、進化の原因は胚性変種にあると考えた。これがいわゆる胚種原形質論であり、それによって、淘汰の可能性を説いた。かれの理論は、ネオ・ダーウィニズムと称せられる。主著『進化論研究』Studien zur Deszendenztheorie, 1875–76. 2 Bde.『遺伝に関する研究』Aufsätze über Vererbung 1892.

二三頁　オットー・アモンの著作　オットー・アモン　Otto Ammon（一八四二―一九一六）は、ドイツの社会学者で、「人類社会学」の創始者のひとりに算えられる。かれは、社会的不平等の基礎を、個人の体質的相違に求めた。ウェーバーが、本文で挙げているアモンの著書『人間における自然的淘汰』Die natürliche Auslese beim Menschen, 1893,『社会秩序とその自然的基礎』Die Gesellschaftsordnung und ihre natürlichen Grundlagen, 1895のうち、後者はかれの主著といわれている。『社会秩序とその自然的基礎』は、Carlos C. Clossonによる英語の部分訳が、Some social Applications of the Doctrine of Probabilityという表題で、Journal of Political Economy 1899, Mar. に掲載され、H. Muffangによるフランス語の全訳L'ordre social et ses bases naturelles, 1900もある。

二六頁　カプリヴィ　Caprivi von Caprara, Georg Leopold Graf von（一八三一―九九年）ビスマルク時代の末には、海軍長官を務めていたが、ビスマルクの挂冠（一八九〇年）のあとを受けて、帝国宰相となる。かれの政策は「ノイエ・クルス Neue Kurs」の名で呼ばれ、ビスマルク時代よりも、自由主義的な方向をとり、農業保護関税率の引きさげをおこなったが、一八九四年十月二六日カイザーおよび右翼政党との対立のために辞任した。

二七頁　地主は穀物を独占して毎年五億マルクの寄贈をうけることによって……という意向をしめしました　これはカーニッツ提案 Antrag Kanitz を指している。深刻な農業の不況にくわえて、カプリヴィによる農業保護関税率の切り下げのために、ドイツとりわけ東エルベの農業家はその窮状に拍車をくわえられた。このような状勢に対抗するため、ユンカーを中心とする「農業者同盟」が一八九三年二月、ベルリンに結成され、同盟は農業保護関税率の引上げ・取引所改革・金銀複本位制の導入、とりわけ対露通商条約反対という一連の要求をかかげ、保守党がそれを選挙戦および帝国議会で代弁した。カーニッツ提案は、その線から出されたもので、第一回の議会提出は一八九四年四月、その後若干修正されて一八九五年三月に第二回、一八九六年一月に第三回の議会提出がおこなわれたが、いずれも否決または審議未了で流産した。ウェーバーが、本文で指しているのは、本文の日付からいって、いうまでもなく、第一回および第二回目のカーニッツ提案を指している。カーニッツ提案（第一回）の内容の主点は、農業者（内容的にはユンカー）の窮状を救う唯一の方策として、外国産穀物の輸入を国家の独占事業とし、かつ、輸入穀物の国内販売権をも国家の独占とし、それによって国内における穀物の高価格をつくりだそうとするところにあった。提案によると、国家によって輸入された穀物の国内販売の最低価格は、一八五四―一八九三年または一八五〇―一八九〇年の平均価格とすべし、というのであるが、これは、一八九四年の穀価にくらべて、法外に高いものであった。シュモラーの論文によると、カーニッツ提案が実現したばあいには、ドイツの国内価格は小麦などは世界市場価格の二倍になり、ドイツの非農業人口は、自由貿易のばあいに比べて七億五千万マルク、現行関税率のままのばあいに比べても「五億マルクを農業家の懐へ寄贈することになる」という。ウェーバーが、本文で挙げている五億マルクという数字は、これと一致している。Schmoller, G., „Einige Worte zum Antrag Kanitz" in Jahrbuch Gesetzgebung, Verwaltung und Volkswirtschaft, (Schmollers Jahrbuch). 19 Jahrg. 1895, SS. 610–629.

二七頁　シュモラー教授も……という要求をかかげておられる　シュモラーがこの要求をかかげている論文は、前註に記した『カーニッツ提案についての評註』„Einige Worte zum Antrag Kanitz"である。シュモラーは一八七九年および一八八五年の穀物保護関税には賛成したのであったが、カーニッツ提案（前註を参照）に対しては断乎として反対し、カーニッツ提案が実現するなら、ユンカーの階級的利害のためにドイツ国民は破滅するであろうと論じた。そしてシュモラーは、カーニッツ提案のかわりに内地植民政策を提言した。すなわち、かれはドイツの農業危機を救うべき方策として、「過大な負債を以前から背負っていて、そのために破滅に瀕している領主と農民とを、経済的にヨリ強力な要素によって置き換えること、そして、騎士領が地積の四〇―七〇パーセントを占めているところでは、そのうちの一部を農民地に転化させること」を主張し、「そうすることによってのみ、東部ドイツの人口減少とスラヴ化と経済的衰退とを避けることができる」(ibid, S, 622) という。シュモラーはそのための予算として一〇億マルクを計上し、うち二億マルクを緊急救済金（貸与）にあて、八億マルクを土地購入にあて、それによって、すくなくとも百万ヘクタールの土地を獲得（購入）し、そこへ内地植民をおこなうべし、と説いている (ibid, S, 626)。しかし、政策的提言そのものについて、シュモラーとウェーバーとが一致しているにしても、政策的提言の背後にある思想についてみると、両者のあいだには無視できない相違がある。この点については「解説」を参照されたい。

二九頁　ハンス・デルブリュックの意見　ハンス・デルブリュック Hans Delbrück（一八四八―一九二九）はドイツの歴史家、ベルリン大学講師、同員外教授を経て、トライチュケの後任としてベルリン大学正教授となる（一八八五―一九二一年）。また、一八八二―八五年の間は、プロイセン下院議員、一八八四―九〇年の間は帝国議会議員。はじめ、トライチュケと共同で、『プロイセン年報』を編集し（一八八三―一八九年）、のち、一九一九年までは単独で編集した。政治的立場は、はじめ自由保守党であったが、一八九四年以降は、自由保守党から離脱した。本文に書かれているハンス・デルブリュックの意見というのは、かれが『プロイセン年報』第七六巻、一八九四年四月号に発表した『ポーランド人問題』„Die Polenfrage" in Preussischer Jahrbuch, Bd. 76. を指すものと思われる。訳者は『プロイセン年報』の当号を見ることができないのであるが、ティムメの紹介するところによれば、その要旨は、ドイツの対ポーランド人政策を批判し、とくに、「ドイツ化政策」としての内地植民委員会の活動の無意味さを、説くところにあった。デルブリュックに従うと、ビスマルクによって一八八六年に内地植民委員会がつくられてから、一八九三年までの七年間に、一四〇〇万マルクを越える失費をついやしながら、定着したドイツ人植民は約七〇〇〇人にすぎず、しかもそのなかには、東部諸州の出身者も含まれているから、「ドイツ化政策」としての実数は、さらにそれを下廻るはずである。それゆえ、一年千人の植民がおこなわれるとして計算すると、「百年後になっても、一〇万人のドイツ人が、二五〇万人のポーランド人のなかへ植民されるにすぎない」という。本文で、ウェーバーが「創設された農家の戸数を、ポーランド人の数と比較して、機械的に計算する」ことを非難しているのは、デルブリュックのこの叙述を指しているのであろう。デルブリュック自身は、ポーランド人問題に対しては、むしろポーランド人抑圧政策が、ポーランド人の反ドイツ意識を煽ることを説いて、ポーランド人に対する平等政策を主張し、「大領主地を、ドイツ人農民とポーランド人農民とに分割する」ことを唱えた。ティムメは、「デルブリュックの思想には、保守的要素と自由主義的要素とが、混りあっていて、その二つの要素を厳密に区別することは、できないほどである」という言葉で、デルブリュックの思想を特徴づけている。(Thimme, A., Hans Delbrück als Kritiker der Wilhelminischen Epoche, 1955, SS. 31, 78–86)

二九頁　地代農場法　Rentengutsgesetze　定期金農場法という訳語も使われている。ウェーバーが本文で指しているのは、一八九〇年六月二七日に制定された「地代農場法」(Gesetz über Rentengüter) と、一八九一年七月七日の「地代農場の設定を促進する法律」(Gesetz betreffend die Beförderung der Einrichtung von Rentengütern) とであると考えられる。地代農場とは、かんたんにいえば、一定額の地代(定期金)を支払うことを対価として所有権を譲渡せられる農場のことであり、地代を償却するには、地代徴収権者の同意を必要とする。したがって、地代農場の獲得者（買い手）は地代農場のもとの所有者（売り手、地主）に対して、一般的には、永久的な地代支払いの義務を負うわけであって、その関係はあたかも昔の永小作のそれと同じ性質をもっており、地代農場の所有権は近代的な所有権というよりも、むしろ上級所有権（地主の所有権）と下級所有権（農民の所有権）とから成るといわれる点をふくんでいた。一八九〇年の法律は、プロイセン全土を対象とするものではあるが、とりわけ東エルベにおける中小農場および労働者農地の創設を目論んでおり、内地植民政策の中枢をなす方策として期待せられたのである。そして、「地代農場法」を裏側からみるならば、負債にあえぐユンカーが、一種の上級所有権を保持しつつ土地を換金しうる方便であったともいえよう。しかし、一八九〇年の法律は、所期の成果をあげることができなかった。その理由は、地代農場として譲渡できるのは、抵当権などの負担のない土地でなければならなかったこと、また、土地を手放そうとする地主は、おおむね土地売却の代金を全額即時に入手したがっているのに、地代農場としての売却によれば、代金は年々一定額の地代として支払われる仕組みであったからである。一八九一年の法律においては、（労働者用農地を除外して）中小農場の設定を促進するために、総務委員会 Generalkommission と地代銀行 Rentenbank という二種の機関を設定して、一八九〇年の法律の欠陥を補うことが計られた。前者は、地代農場の設定をあっせんする機関であり、後者は、地代農場設定の条件を充たすべく、抵当権その他の負債を抹消するための資金を融資し、また、地代債券の発行によって地主（地代農場の売り手）に農場の代金を一時に入手する便を与え、農民（地代農場の取得者）に対しては、その償却金を長期低利で年賦償還させるはたらきをもつものであった。

一八九〇・九一年の地代農場法は、社会政策学会の農政学者とくにマックス・ゼーリンク Sering, M. (1857-1939) らが、大いに賛成し、促進しようとしたところであった。しかるに、ウェーバーは本文の叙述から知られるように、地代農場法に対して批判的・否定的な態度をとっている。すなわち、ゼーリンクたちは、地代農場法方式による内地植民政策の推進を考えたのに対して、ウェーバーは、内地植民政策は一八九〇・一八九一年の地代農場法とはちがった仕方でおこなわれねばならぬと考えたのである。しからば、ウェーバーはなぜ地代農場法に反対したのか、またウェーバーの内地植民政策は、どのような法律を原型として構想されているのか。この問題は、ウェーバーの政策論ないし思想を把握するための一つの重要な点と思われるが、かんたんにはつぎのように答えられるであろう。すなわち、ウェーバーの内地植民政策の基礎視点は、本文の叙述が示すとおり、民族政策であり、一八七〇年代における王領地への植民、さらには、一八八六年の「ポーゼンおよび西プロイセンにおけるドイツ民族の植民を促進する法律」(Gesetz betreffend die Beförderung deutscher Ansiedlungen in den Provinzen Westpreussen und Posen) がその原型であったのだ、と。一八八六年の法律と一八九〇―九一年の法律とのちがいは、つぎの点にある。(1)一八八六年の法律は、ポーゼンと西プロイセンとだけを対象としているが、一八九〇―九一年の法律はプロセイン全土を対象としている。(2)一八八六年の法律は、王領地を農民に払い下げることと並んで大所有地とりわけポーランド人の所有地を買収して、ドイツ人農民に払い下げることを意図しており、農民に払い下げられた土地が再びポーランド人の手に移らないように工夫をこらしている。すなわち、民族政策的理念を基幹としていた。しかるに、一八九〇―九一年の法律の理念は、民族政策的なものではなく、ユンカーのインタレストを顧慮した社会政策的理念であった。(3)そのことと関連して、一八八六年の法律においては、内地植民政策の主体は政府（プロイセン）であり、政府機関である植民委員会 Ansiedlungskommission がみずから土地を購入し、これを適当な大きさに分割して中小農場をつくり、これをドイツ人農民に払い下げる仕組みであったのに反して、一八九〇—九一年の法律では、さきに述べた総務委員会はたんに土地売買をあっせんするだけであって、土地売買そのもの（地代農場の設定）は、地主と農民との私的な行為にゆだねられたのである。ウェーバーが、一八九〇—九一年の法律に反対して、一八八六年法の方向の拡大強化を求めた理由は、右の(2)および(3)から理解せられるであろう。ウェーバーは、内地植民政策が一八九〇—九一年型の地代農場法によっておしすすめられる以上、大所有地が無原則的に分割（崩壊）させられ、とりわけ、ポーランドの侵入・制覇を促進させると考えたのである。Weber, M., Entwicklungstendenzen in der Lage der ostelbischen Landarbeiter, 1984.（in G. A. S. W. G. とくに SS. 506–507）Sering, M., Die innere Kolonisation im östlichen Deutschland（S. V. S. LVI), 1893. プロイセン内地植民政策に関する邦語文献としては沢村康『中欧諸国の土地制度および土地政策』八三—一四一頁を参照。

三一頁　一切の望みを棄てよ　lasciate ogni speranza ダンテ『神曲』第三曲のはじめの部分にあり、地獄の門にしるされている句である。

「永遠の物のほか物として我よりさきに造られしはなし、しかしてわれ永遠に立つ、汝等ここに入るもの一切の望みを棄てよ。

われは黒く録されしこれらの言を一の門の頂きに見き、この故に我、師よ、かれらの意義我に苦し」(『神曲』岩波文庫、上巻二五頁)

三六頁　カタラウヌム平野におけるフン族との戦闘　いわゆる民族大移動の時代における戦いのひとつ。五世紀の半ばごろ、ホンガリヤ地方に住んでいたフン族は、アッチラ王に率いられて、東ローマを脅かし、さらに西に転じてドイツ地方を略奪しながら、ガリヤに侵入した。しかし、西ローマの将軍アエチウス Aetius の率いるゲルマン諸族連合軍は、カタラウヌム附近にこれを迎え撃って大敗させた。紀元四五一年のことであった。カタラウヌムは、セーヌ河の上流地域、いまのシャンパーニュのあたりである。

四六頁　かれが昨年の冬、……首都へ乗りこんだとき　ビスマルク Otto von Bismarck (一八一五—九八年)が、一八九四年一月二六日、皇帝ヴィルヘルム二世に招かれてベルリンの皇帝の居城を訪問したときのことを指している。これよりさき、ビスマルクは、一八九〇年、あらかじめ皇帝に知らせることなしに、中央党との連けい政策を新聞紙上に発表して皇帝の怒りを招き、それが直接の契機となって宰相の地位を去っていた。かれは、それ以後は、フリードリッヒスルー Friedrichsruh に隠棲してザクセンの森を愛する生活を送り、かたわら、『ハンブルガー・ナッハリヒテン』Hamburger Nachrichten 紙に政論を寄せていた。ところが、一八九三年、ビスマルクが病床に臥したとき、皇帝はビスマルク挂冠のさいのゆきがかりを捨てて、ビスマルクの療養のために自分の居城の一部を提供しようと申し送った。この案は実現しなかったが、皇帝とビスマルクとのあいだの感情の対立は解消し、本文に述べられているビスマルクの首都訪問となったのである。「君主の寵愛に身をつつまれながら」というのは、皇帝のビスマルクに対する一見奇妙なまでの好遇のことであり、「飾りたてられた首都」というのは、ビスマルクの首都訪問の日（一月二六日）がちょうど皇帝の誕生日に当っていたからである。なお、皇帝が引退後のビスマルクに再び近づこうとしたのは、対ロシア通商条約を成立させるために、ビスマルクの力を利用してユンカーを説得しようとしてであったとも言われている。Matthias, A., Bismarck, sein Leben und sein Werk, 1915, SS. 451-456.

四六頁　キフホイザー山物語り　キフホイザー Kyffhäuser は、北チューリンゲンの山林の名であるが、それには、帝王伝説のひとつである皇帝バルバロッサの伝承が、まつわっている。帝王伝説というのは、ドイツの民衆のあいだに広く普及していたもので、そのむかし民衆を救った英雄や皇帝は、死んだのではなくて、魔術にかかって山の洞穴のなかに眠っているのであり、民衆が最大の困難に陥るときには、かれらを救うために、ふたたび眠りから覚めて立ちあがる、と信じられた。皇帝バルバロッサは、そうした英雄のひとりで、半ば伝説的な人物であり、キフホイザーの洞穴に眠っていると、伝えられていた。現に、キフホイザーの南側には、「バルバロッサの洞穴」と呼ばれている洞穴がある由。(Meyers Lexikon)

右の伝承に照らせば、「あたかも、ザクセンの森がその奥底を開くかのような……」という本文の意は、あきらかになる。すなわち、多くのひとは、ビスマルクを、洞穴の眠りから覚めて立ちあらわれた救世の英雄のごとくに感じた、というのである。帝王伝承によれば、救世の英雄が眠りから覚めて立ちあらわれるとき、山が裂けて、そこから出てくると信じられていた。「ザクセンの森」と書かれているのは、前註に記したとおり、当時、ビスマルクは、ザクセンの森を背後にひかえたフリードリッヒスルーに閑居していたからである。

四七頁　海外進出の「権力政策」　ドイツは、一八八四年、西南アフリカ・カメルーン Kamerun・トーゴ Togo（いずれもアフリカ）・ニューギニア北西部を獲得したのを起点として、一八九一年までに、東部アフリカ・西南太平洋・東南太平洋・中国などに、海外植民地を設定したが、散在的で総面積も比較的小さかった。他方、海軍力は、一八八四年に大型装甲艦一四隻をもつにすぎず、ビスマルクはもともと海軍力の拡充に対して冷たい態度をとっていた。強力な海軍の建設が叫ばれはじめたのは、一八九五年ごろからである。皇帝ヴィルヘルム二世の「世界政策」の唱導とかれの海軍好きを表看板としていたにせよ、海軍の拡充は重工業の利益と結びついて促進せられ、そして、イギリス・ドイツ関係の悪化を契機として実現されたのである。かくて、ドイツは、一八九八年の第一次艦隊法案・一九〇二年の第二次艦隊法案の成立によって、イギリスにつぐ世界第二の海軍国となるが、それは同時に、ドイツがイギリスを敵に廻して孤立してゆく過程でもあった。ウェーバーは、皇帝の「世界政策」の無内容さ、外交上の拙さに対してしばしば痛烈な批判を浴びせ、また、ドイツ海軍の拡充がもっとはやい時期におこなわれていたならば、イギリスの誤解を招くこともなかったろうにといって、残念がっている。Hallgarten, G. W. F., Imperialismus vor 1914, 1951, Bd I. SS. 331–334, SS. 371–387; Weber, M., G. A. S. S., SS. 402–406. G. P. S., SS. 30 f, 40–41. 拙著「ウェーバーの政治的立場」（『経済学説全集⑥』河出書房所輯）二八一頁以下。

四八頁　最近数カ月の出来事や……多くの言葉　ウェーバーの本文の「まえがき」に記されている日附（一八九五年五月）から考えると、ウェーバーがここで指しているのは、いわゆる転覆法案 Umstüzvorlage（『刑法典・軍事刑法典および新聞法の修正ならびに補足にかんする法案』）に関する議会内外の論戦のことであろうと思われる。この法案は、一八九四年の夏ごろから、社会主義者鎮圧法に代るべき社会主義弾圧のための法律として、保守党のイニシアティヴのもとに喧伝せられ、帝国党・国民自由党もそれに賛成した。ときの宰相カプリヴィは転覆法案を骨抜きにしようとしたのに対して、皇帝はその成立を促進しようとし、結局そのことからカプリヴィは辞職した（一八九四年十月二六日）。カプリヴィのあとを受けて宰相となったホーヘンローヘ Chlodwig Hohenlohe-Schillingsfürst は、転覆法案を九四年末に帝国議会に提案し、翌九五年一月から議会においてその討論がはじまったが、そのさい、石炭王シュトゥーム Stumm, K. F. が法案賛成の立役者として活躍した。かれは、社会民主党だけではなく、福音社会派でウェーバーの友人であったナウマン Naumann, F. をも攻撃し、さらには、社会政策学会系の学者をも誹謗するにおよんで、ワグナー対シュトゥームの有名な論争がひきおこされ、シュトゥーム支持のブルジョワジーおよびその政党と、ともかくもアカデミック・フリーダムを守るべくワグナーを支持した学者たちとの間に活発な応酬がつづいた。ウェーバー自身も „Die Kampfweise des Freiherr von Stumm" なる一文を一八九五年二月二六日の Preussische Kreuzzeitung 紙に寄せてシュトゥームを批判し、さらに同年三月十二日にも同紙上に同じ趣旨の一文を寄せている（Marianne, Max Weber, 1926. SS. 231–2. ただしマリアンネが、この論戦を刑務所法案 Zuchthausvorlage をめぐる論戦と書いているのは彼女の記憶の誤りであろう。刑務所法案は一八九九年のものである）。社会主義者から選挙権・被選挙権を奪い、煽動者を追放・拘引することなどによって、言論思想の自由をもいちじるしく制限しようとしたこの転覆法案は、結局は、中央党の動向によって九五年五月帝国議会の第二読会において否決されたのであるが、その後も同様の法案がしばしば問題となり、ブルジョワ政党はそうした法案の成立をたくらんだのである。大野英二『ドイツ金融資本成立史論』一八七―九頁を参照。なお、一八九五年の初頭から五月までの期間には、農業者同盟を中核とするユンカー勢力の巻きかえしがあり、カーニッツ提案が同年三月に議会に提出せられているが（本文二七頁および六四頁の訳註を参照）、「ブルジョワ政治家が第一に責任を負うべき……」という本文の言葉からみて、カーニッツ提案ではなく転覆法案を指していると考えられる。

四九頁　統一戦争　原文は複数であるから、一八六四年の対デンマーク戦争、一八六六年のプロイセン・オーストリア戦争、一八七〇―七一年のプロイセン・フランス戦争の三つを指しているものと考えられる。

五一頁　国民公会のひとびと　国民公会 Convention nationale はフランス大革命の過程において、一七九二年九月二一日に成立し、一七九五年十月二六日に解散したもの。国民公会の期間（とりわけ、一七九三年六月二日から一七九四年七月二七日にいたるジャコバン支配の期間）は、フランス革命の頂点をなし、ルイ一六世の処刑・封建的諸権利の無償廃棄などがおこなわれた。国民公会のひとびととは、この期間に活躍した、マラー Marat、ダントン Danton、ロベスピエール Robespierre、サン＝ジュスト Saint-Just などを指す。ウェーバーが、「国民公会の議場に充ちていた強烈な国民的情熱」というのは、フランス革命を圧殺しようとして結成された対仏同盟・外国軍隊の侵入という事実に面して、革命擁護の線から湧きおこった愛国主義を、念頭においているのであろう。

五三頁　わが国民の政治的教育　ウェーバー自身は、フリードリッヒ・ナウマン Friedrich Naumann（1860-1918）に対する忠告・批判によって、「国民の政治的教育」に力をつくそうとした。ナウマンとウェーバーとの関係については、拙稿「ウェーバーの政治的立場」（『経済学説全集⑥』河出書房所輯）を参照されたい（とくに同書二七六―二八九頁）。ウェーバーが第一次世界大戦中に多くの政治評論を書いてドイツの破局を回避することに努めたこと、ワイマール憲法にはウェーバーの貢献があったことも知られている。前者については、『ウェーバー政治書簡集』（相沢久訳、未来社刊「社会科学ゼミナール」）を参照。後者については、Petzke, H., Max Weber und sein Einfluss auf die Reichsverfassung, 1925. がある。

解説

一

『就任講演』の名で知られているこの書物は、「まえがき」に述べられているごとく、マックス・ウェーバー Max Weber（一八六四―一九二〇）がフライブルク大学の教授（経済学講座担当）に就任したときにおこなった講演の原稿に、いくらか筆を加えて公刊したものである。ウェーバーは当時三十一歳であった。そのような若いときに、このような講演をすることのできたウェーバーというひとは、まことに、なみなみならぬ力量の持ち主であったにちがいない。

本書は原文三十頁に足らぬ小冊子にすぎないが、そこにふくまれている内容はたいへん豊富である。マリアンネ・ウェーバーが編んだウェーバー選集では、本書は『政治論集』におさめられているが、たしかにそれはそれとして理由のあることである。ドイツの政治的状況に対する鋭い判断と溢れるような政治的情熱が、本書の背骨を形造っていることは誰の眼にもあきらかである。しかし、本書の内容はたんに政治論に限られてはいない。ウェーバーが本書において、政策的提言の背後にある主体の価値基準を明確にせよ、という主張を中心にして「倫理的経済学」の基本的理念に批判を加えていること、そしてそれが本書の一つの中心命題をなしている点に注目するならば、本書は『方法論論集』の冒頭に置かれてよいであろう。この面においては、本書は没価値性理論の出立点であり、『ロッシャーとクニース』にはじまる方法論的論稿の礎石をなすといえよう。そして、ウェーバーの没価値性理論が強烈な主体的価値判断の要請と表裏をなしていること、『政治論集』と『方法論論集』との始点が、この同じ『就任講演』であることこそは、まことに意味深いと言わねばならない。さらに、また別の視角からみると、本書は『東エルベ・ドイツの農業労働者の状態』(一八九二年)およびそれにつづく一連の農業関係論稿の最後に配することができる。[*1] なぜなら、本書の前半部が農業関係論稿を足場として書かれているだけでなく、農業関係論稿のなかには本書に述べられている政策的提言やドイツの状況に対する見解の萌芽とみられる叙述があり、ときには、本書におけるのと同じ語句・表現が見出されるからである。『就任講演』は、その成立過程からみると、農業関係論稿の発展としてとらえられ、『東エルベ農業労働者の状態における発展傾向』(一八九四年)のつぎに置かれることとなる。このように、本書がウェーバーの諸労作のさまざまの系列にふかいつながりをもち、そのいずれにもっとも重点をおくべきかに迷わせられるのは、本書が多面的なウェーバーの労作のなかにあってひとつの結節点をなしているからである。[*2] 若きウェーバーのうちに育くまれてきた思想が本書において、凝集し灼熱して一つの区切りをつけ、理論的にも実践的にもウェーバー自身の明快な自己認識をうみ、それがやがて、(病気のためにながい中絶を余儀なくされたのちの)あたらしい研究活動の礎石となるの

＊1　マリアンネ編のウェーバーの選集は、適当な分量を一書にまとめようとしたせいであろうが、論文の帰属に不適切な点がある。,,Die ländliche Arbeitsverfassung, 1893" ,,Entwicklungstendenzen in der Lage der ostelbischen Landarbeiter, 1894" は『社会史・経済史論集』に収められ、,,Agrarstatistische und sozialpolitische Betrachtungen zur Fideikommißfrage in Preußen, 1904" は、『社会学・社会政策論集』に収められているが、内容的にいえば、いずれも農業政策論を基調とする論稿であり、これら農業関係の論稿は、工場労働者の調査に関する論稿とともに、社会政策学会におけるウェーバーの活動の直接の所産であるか又はその発展である。

＊2　初期ウェーバーの諸労作の成果がすべて『就任講演』に直結しているという意味ではない。『中世商事会社の歴史』（一八八九年）や『ローマ農業史』（一八九一年）は、『就任講演』に直接の関係はない。ただし、『ローマ農業史』は、ローマ帝政期における大農場経営の労働組織の変化（＝発展傾向）の究明を一つの主要論点としており、『東エルベ・ドイツの農業労働者の状態』における研究視角を準備することになったと考えられる。したがって、『就任講演』に対して間接的な関係をもつといえる。Vgl. Weber, M., Die römische Agrargeschichte in ihrer Bedeutung für das Staats-und Privatrecht, Kap. IV, bes. S. 242ff. 初期ウェーバーの労作のうちのいま一つのグループである取引所関係のものは、農業関係のものとともに、ひろい意味での現状分析に属し、『就任講演』にみられるのと同じ政治的意識によってつらぬかれている。Vgl. Weber, M., Gesammelte Aufsätze zur Soziologie und Sozialpolitik（以下、G. A. S. S. と略す）SS. 321-2.『就任講演』を後期ウェーバーとの関連においてとらえるばあい、政治論・方法論については、『就任講演』が基本的方向を規定する出立点

である。

右のような本書の性格をウェーバーの諸系列の労作との関連において具体的に追跡し、しかも諸系列をバラバラにではなくたがいに関連させてとらえるような解説を書きうるならば、それがもっともよいにちがいない。しかし、それは望んでも果たせないことである。それゆえ以下の解説においては、思いきって論点を限定し、本書の全体に対する解説ではなく、本書の一部に対する訳者の解釈を、書きつけておきたい。それは、東エルベの農業問題に対するウェーバーの政策的構想についてであって、この点は、本書自体としては必ずしも中心的な論点とはいえないが、ウェーバーの思想の理解のためには一つの重要な問題であると考えられる。訳者は、翻訳の筆をすすめてゆくうちに、東エルベに対するウェーバーの政策的構想について、いままで十分な研究がおこなわれていなかったという感じをふかくし、若干の関係文献を読むべく関心をそそられた。東エルベの農業問題に対するウェーバーの政策的講想を社会政策学会の代表的な農政論との関係において把握すること、そして、ウェーバーの構想はかれのめざす国民国家のうちでいかなる地位を占めるのか、またかれの国民国家の内的構造をいかに規定するかを検討すること――これが以下の解説のテーマである。このようにテーマをきめると、『就任講演』が関係する諸系列の労作のうち、農業関係論稿との関係が前景にあらわれてくる。そして、それを通して政治論に関係するであろう。それに反して、その他の論点は捨象されることになるが、本書についてすでに発表せられている諸論文を参照されるならば、訳者の解説における論点限定の欠陥は補われるはずである。

わが国で本書が一般に知られるようになったのは、出口勇蔵教授の「ウェーバーの初期の研究――没価値性理論の研究序説」（一九三九年）によってであって、その論文において本書の主要論点が紹介せられ、かつウェーバーの方法意識の成立過程という視角からの分析がおこなわれた。[*3] そののち、ウェーバーに関する研究で本書に論及したものがいくつか発表されている。[*4] 本書に対する注目は、日本をなすが、近代資本主義成立史論についてはかならずしもそうとはいえない。『就任講演』における政治と経済の直結的把握に対する批判・歴史における意識の役割りの評価には、ウェーバーの歴史観があらわれており、それはやがて唯物史観批判・近代資本主義の精神の理論へと展開してゆくのではあるが。

＊3　出口勇蔵「ウェーバーの初期の研究――没価値性理論の成立序説」（『経済論叢』四八巻一号）。この論文は、『経済学と歴史意識』（勁草書房）にその第一章Aとして収められている。『就任講演』に関する研究としては、海外のものをふくめても、この論文が最初であろう。

＊4　山田雄三「ヴェーバーの初期の経済政策論について」（『マックス・ウェーバー研究』一九四八年、鎌倉文庫所収）、青山秀夫「マックス・ウェーバーにおける国民主義と自由主義」（『マックスウェーバーの社会理論』一九四九年、岩波書店所収）、山口和男「初期のウェーバーにおける経済政策論」、山岡亮一「マックス・ウェーバーの農業経済論」、平井俊彦「ウェーバーの民主主義」、田中真晴「ウェーバーの政治的立場」（いずれも出口勇蔵編『経済学説全集第六巻』一九五六年、河出書房所収）など。

の研究者に特有な現象ではけっしてない。アルノルト・ベルクシュトレッサーが、最近、本書を対象とした論文をフライブルク大学創立五百年祭記念に寄せたこと、[*5] J・P・メイヤーやカルロ・アントーニ[*6]がそれぞれのウェーバー研究において本書を重視していることなどは、その間の事情を物語っているし、マリアンネが『ウェーバー伝』のなかでかなりの紙数をさいて本書をとりあげていることは、すでに知られている。訳者が解説の視点を右のように限定するのも、一つにはすでにこれらの紹介や研究があって、読者は他の視角からする本書の研究を参照できるからであり、いま一つの理由は、本書がその豊富な内容にもかかわらず、それ自体としては難解ではなく、むしろ味読さるべき読みものであり、内容の要約を主とするような解説は無用だと思われるからである。

二

『就任講演』は直接には農業関係論稿を基礎として成立したにしても、もとより、農業関係論稿のたんなる要約的結論ではない。農業関係の論稿においては、社会政策学会の指導的な理念に対する批判意識がときにあらわれているにしても、それを正面から批判することはなかったのである。しかるに『就任講演』においては、「歴史学派の門弟」の自己批判という形をとって、歴史学派の政策論における方法論のあいまいさ、その背景にある政治的意識の俗流性をするどく批判し、歴史学派の主流的見解との対立においてウェーバー自身の基本的立場が提示されている。まさにこの点に『就任講演』の独自性が存在するわけであるが、しからば、ウェーバー自身の政治的理念とりわけドイツ国民国家の構想はいかなるものであったか、それは歴史学派とどの点で区別せられるのかということが、問題になってくるであろう。そして、この問題を考えてゆくためには、東エルベの農業問題に対する歴史学派の見解とウェーバーのそれとの異同をあきらかにすることが、欠くことのできない一つの作業であると思われる。なぜならば、ウェーバーが、一般的には、歴史学派の主流的見解に対立して、ドイツの近代化をめざしていたということは、ほぼ異論のないところであろうが、それに反して、東エルベに対する政策の面では、ウェーバーの見解がどの方向を指しているのか必ずしも自明的ではないからである。[*1] そして、東エルベの農業問題が、ドイツ社会の内的構造に関わりをもつ重要な問題であること

＊5　Bergstraesser, A., „Max Webers Antrittsvorlesung in zeitgeschichtlicher Perspektive", in Vierteljahrshefte für Zeitgeschichte, 5 Jahrg. 1957, 3. Heft/Juli 新カント派の認識論哲学にかわる存在論としての歴史哲学の立場からウェーバーを超えねばならぬ、というこの著者の主張は、前掲出口教授の論文の立場と通じるものがある。ただし、著者がウェーバーの政治観・方法論・資本主義成立史論・類型学的社会学のすべての出立点を『就任講演』に求めているのは、いささか強引であり説得力に欠けている。

＊6　Mayer, J. P., Max Weber and German Politics, 1943. Antoni, C., Vom Historismus zur Soziologie（原著は、Dallo storicismo alla sociologia, 1940, Firenze）讃井鉄男訳『歴史主義から社会学へ』未来社刊。

は、説明するまでもない。そこでまず、新歴史学派の結集の場であった社会政策学会における農業問題の扱いかたを概観しておこう。

社会政策学会（一八七三―一九三二年）において、農業問題がはじめて大会のテーマに選ばれたのは、一八八二年であった。それ以前には、大会のテーマについてみても、『社会政策学会双書』Schriften des Vereins für Sozialpolitik においても、農業関係のものは一つも見当らない。しかるに、一八八二年から一八九四年までのあいだには、この期間中の大会テーマ総数一五のうち八つまでが農業関係によって占められており、それにともなって、「双書」のうちに占める農業関係論稿の量的比率も、右の期間中には、計三五冊のうち一六冊の多きにのぼっている。[*2] そして、一八九五年以後になると、農業関係のものは、大会のテーマについてみても、『双書』についてみても、ときに姿をあらわしはするが、集中的にあらわれることは、もはやないのである。それゆえ、八〇年代から九〇年代のはじめにかけては、社会政策学会の歴史のなかでも、とくに「農業問題の時期」であったということができる。ウェーバーが農業問題の研究にしたがったのは、学会のこのような動向のなかにおいてであった。

ところで、「農業問題の時期」の内部においても、その前期（八〇年代）と後期（九〇年代）とでは、学会の農業問題に対する態度に若干の変化がみられるようである。すなわち、前期には主として農民問題が、後期には主として農業労働者問題がとりあげられているし、[*3] また、実際の政策に対する距離というか、学会自身で適切な政策を打ち出そうとする意欲のつよさというか、そうした面においいても、前期と後期のあいだにはひらきがあり、後期には（ウェーバーの活動もその一要因をなして）政治的関心の高まりがみられる。*4 それゆえ、同じ人物の見解をとっても、八〇年代と九〇年代とのあ

*1　それが自明的でないのは、ウェーバーが、ユンカー批判の点では、シュモラーとあきらかにちがいながら、内地植民政策についてシュモラーの構想と自分の構想とが同じであると言っていること（本書二七頁を参照）をみても了解されるだろう。解説第一節の註4に挙げた山岡・山口両氏の論文には、ウェーバーの内地植民政策の性格規定が試みられている。対照されたい。なお、以下の行論においては基礎過程を述べる紙数がないので、村瀬興雄『ドイツ現代史』、大野英二『ドイツ金融資本成立史論』後篇、山口氏の論文および前掲の拙稿などを参照されたい。

*2　この数字は『双書』のうちで大会議事録にあてられた巻の冊数を差引いたものである。

*3　八〇年代における学会の代表的業績は、『双書』二二―二四巻の農民事情調査であり、九十年代のそれは、『双書』五三―五五巻の農業労働者調査である。ウェーバーの『東エルベ・ドイツの農業労働者の状態』（一八九二年）は後者の一冊（五五巻）であった。

*4　学会が農業問題を一八八二年にとりあげた直接の動機は、一八七九年のビスマルク関税の賛否をめぐって学会内部にするどい対立が生まれたのを緩和することにあり、農業問題は一種の中立的領域と考えられたのであった。農業問題は、はじめにはむしろ非政治的なものとして喜ばれたのだが、九〇年代になると、東エルベの農業危機の深化という現実の促迫によって、また社会政策学会自体が一八九〇年以後、実践性を

いだに、なにほどかの移りかわりが、みられることにもなる。また、社会政策学会それ自体が、マンチェスター主義と社会主義との双方に反対し、資本主義体制のもとでの社会改良をめざすひとびとの集まりであって、その大枠の内部においてはさまざまの、あい対立する見解を包括していたのであるから、農業問題に対する社会政策学会の見解といっても、それはけっして斉一的なものではなく、さまざまの見解が学会内部に存在したことは当然であろう。だが、学会内部における主流的見解を指摘することは可能である。それは、やはりシュモラーの理念であった。シュモラーの見解自体にも、右に述べたような状勢の変化とともに、いくらかの移りかわりがみられるけれども、基本的にはシュモラー的理念ともいうべきものに支えられていて、その点では動いていない。シュモラーおよびその追随者をなかにはさんで、その右にはワグナーが、その左にはブレンターノが立っている。この点、社会政策問題一般についての学会内部の対立図式が、農業政策においても、そのままあてはまるわけである。ただし、右・左というのは、ユンカーに対する批判性を基準として仮に名付けたのであって、農業労働者の労働組合や労働条件に対する見解を基準としているのではない。まずシュモラーの考え方をみよう。

シュモラーの基本的な理念は、「中位的な土地所有が支配的であって、大土地所有と小土地所有とが、両側からそれを同じように取りかこんでいるところでは、土地所有分布は健全である」[*5]という言葉に集約されている。シュモラー自身が言っているとおり、この命題は旧くからあったもので、もとよりシュモラーの発明ではない。シュモラーおよびかれの追随者を特徴づけるのは、古来の命題を一九世紀末のドイツ農村に持ちこもうとした点である。シュモラーは、「土地所有は国家株式 Staatsaktien である」というユストゥス・メーザーの言葉を、土地所有が郷土愛と愛国心の土壌であることを言いあてた至言として、高く評価していた。なぜ、中位的規模の土地所有が支配的でなければならぬかというと、そうでないばあいには、愛郷心・愛国心の欠如によって社会の安定性が危くなるからで

とりもどすことに努めたことによって、政治的・実践的色彩をつよめることとなった。Boese, F., Geschichte des Vereins für Sozialpolitik, 1939, SS. 44–46.

＊5　Schriften des Vereins für Sozialpolitik（以下、S. V. S. と略す）、Bd. 33. S. 90. 中位的規模の土地所有というのは、東エルベにおいては、ほぼ五—二〇ヘクタール（あるいは五—一〇〇ヘクタール）の畜耕農民 Spannfähiger Bauer の所有地規模を指している。ゼーリンクは、五—一〇〇ヘクタールを農民的土地所有といっている（S. V. S. Bd. XVI. S. 33.）。この規模の土地所有は、一方ではユンカー所有地から、他方では、賃労働ないし出稼ぎを必要とするような零細所有地から区別され、自家労働力を根幹とするが、若干の雇用労働力をも使用するばあいがある。シュモラー（そしておそらくは社会政策学会一般）の用語でふつうに農民というばあいには、エンゲルスの用語での小農（レーニンの用語では中農）と中農（レーニンの富農）とをふくむものが意味されている（ただし、二〇—一〇〇ヘクタールのばあいには、エンゲルスのいう大農とみなさるべきであろう）。

あり、また、大土地所有・小土地所有も同時に存在すべき所以は、「社会主義的平等」はひとびとの勤労心と向上心とを挫くからであると、シュモラーは答える。だが、大土地所有と小土地所有とは、あくまで過度にならぬ程度に存在するのでなければならない。大土地所有の専一的支配への傾向とそれに伴うところの農業プロレタリアートの増大の趨勢は、かれの恐れるところである。このような理念に照らしてみると、ドイツの農村は、どのように判断せられるであろうか。シュモラーおよびその追随者は、ドイツの農村の現状をけっして満足すべきものとは思っていない。かれらは農民所有地の零細化の傾向と、とりわけ東部における大所有地の支配・農業プロレタリアートの増加の傾向とを認識して、それを憂うるのではあるが、しかしながら、ドイツ農村のかかる病患をそれほど深刻なものとは思わず、国家の適度な干渉によって、健全化への道をひらきうると考える。かれらが国家の適度な干渉（＝政策）として提案したのは、一つには、農民所有地の零細化傾向を阻止するために一子相続制を導入すること、二つには、東エルベの農業危機を救い、大土地所有支配の病患を癒すため内地植民政策を推進することであった。第一の政策については、農政学者のミアスコウスキイが、一八八二年の社会政策学会において提案して大多数の支持を受け、第二の政策については、一八八六年の社会政策学会大会においてシュモラーが報告し、のちにゼーリンクが精細な研究にもとづく一書を『双書』に寄せている。[*6] いま、ウェーバーとの関係において問題となるのは、第二の政策すなわち内地植民政策である。

そもそも内地植民政策は、ウェーバーがはじめて考え出したものでもなければ、社会政策学会の創案でもない。その思想的淵源はかなり旧い時期に求められるようであるが、内地植民政策そのものは、ビスマルクによる一八八六年の「ドイツ植民促進法」Gesetz betreffend die Beförderung deutscher Ansiedlungen in den Provinenz Westpreussen und Posen にはじまり、ついで、一八九〇年には「地代農場法」Gesetz über Rentengüter が、一八九一年には「地代農場促進法」Gesetz betreffend die Beförderung der Einrichtung von Rentengütern が発布せられた。そののち、一八九六年の法律があり、さらに第一次大戦後には一層規模を拡大することとなるが、ここで関係のあるのは、いうまでもなく一八八六年・一八九〇・一八九一年の三つだけである。[*7] ところで、一八八六年の法律と一八九〇・九一年の法律とは、その立法の趣旨・内容において大いに異なっていた。一八八六年の法律は、ポーゼンおよび西プ

＊6　一子相続制と内地植民政策とは、内地植民政策によって創設せられる地代農場に、一子相続制を導入するという点で、結びつきをもっていた。ミアスコウスキイ v. Miaskowski（1838–1899）の提案については、S. V. S. Bd. 21. SS. 6–28. 内地植民政策に関するシュモラーの提案は、S. V. S. Bd. 33. SS. 90–101. ゼーリンク Sering, M.（1857–1939）については、„Die innere Kolonisation im östlichen Deutschland“（S. V. S. Bd. 56.）、かんたんには、S. V. S. Bd. 58. SS. 135–150。

＊7　ブロイセンの内地植民政策に関する邦語文献としてまとまっているのは、沢村康『中欧諸国の土地制度および土地政策』一九三〇年の第一、第二章である。

ロイセンの二州に適用範囲を限っていたが、そのねらいは、ポーランド人の所有地を買収してドイツ農民に払い下げることにあり、東部国境の「ドイツ化」という民族政策的基調をもっていたのに反して、一八九〇・九一年の法律は、その適用範囲をプロイセン全体に拡大する点では一歩をすすめているが、民族政策的理念を放棄して、たんに中小農場の設定を目論んでいたのである。そして、国家の介入の仕方が、一八九〇・九一年の法律では、一八八六年の法律にくらべてより間接的なものにとどまる仕組みになっていた。

シュモラー派は、右のようなプロイセン内地植民政策の諸法律に賛成し、それを推進しようとした。ただし、シュモラーといわゆるシュモラー派とのあいだには若干のちがいがあり、シュモラー派のひとびと（たとえばゼーリンク）は、民族問題に対する意識が稀薄であって、一八九〇・九一年の法律の線をそのまま拡大強化しようとしたのに反して、シュモラー自身は、国有地への植民を内地植民政策の基本的方式と考えており、かつ、「ドイツ化」（民族政策）の視点が、かれにおいては相当につよい。しかしながら、シュモラー自身においても、主導的な視点は民族政策ではなくして、中位的土地所有を優位ならしめるという社会政策的視点である。そして、この意味において、シュモラー自身をもふくめてシュモラー派の立場は、一八八六年の法律よりも一八九〇・九一年の法律にヨリ近かったといってよいであろう。この点は、ウェーバーと対比するさいに注意すべきことがらである。

さて、中位的土地所有が優位であるような土地所有分布の構成というシュモラーの理念は、ユンカー的土地所有の体制にどれほどの変更を要請するのであろうか。一体、一八九〇・九一年の法律は、中小農場の創設を目論んでいたのであるが、それは七〇年代以後、次第に顕著になってきた農業労働者の流出（ユンカー経営の労働力不足）という現実の要請にこたえるべく、農業労働者に小地片を与えて定着させるというねらいをもっており、まずその点において、ユンカーのインタレストに合致するものであった。さらに、地代農場法は、ユンカーが一種の上級所有権を保持しながら領地の一部を換金することを、可能ならしめるのであるから、それは、かれらにとって、九〇年代に烈しさを加えてきた窮乏・負債の増大からの一つの逃れ道でもありえたわけである（本書六七―七〇頁を参照）。しかも、ユンカーは土地売却を法律的に強制せられることはなく、売却（地代農場の設定）は当事者間の自由意志にまかせられていた。内地植民政策の実態は、ユンカーの労働力調達政策にすぎないと言いきることには疑問があるにせよ、すくなくとも、シュモラーの理想とするような土地所有分布をつくり出すことからは、よほど隔たっていたといわねばならない。シュモラーはそれに対してどのような態度をとったかというと、基本的には、現実におこなわれている内地植民政策（一八九〇・九一年の法律）の線を肯定し、したがって、ユンカー経営を保持するための労働力調達政策をも肯定して、そのなかで、「理想的土地所有分布」の実現に近づくことを計り、必要に応じて国家の干渉の度合をつよめる、というのが彼の立場であった。シュモラーは、ドイツ史の過去においてユンカーが果たした社会的・政治的役割を高く評価するだけではない。現在においても、将来においても、ユンカーは優秀な陸軍将校と官僚の供給源であり、ブルジョワジーと並ぶ政治的知性の保持者・社会の支柱でありうるし、またそうでなければならぬ、とかれは考える。それゆえ、かれにおいては、内地植民政策を、ユンカーをぶっつぶすような方向へ推しすすめることは、はじめから問題にならない。ユンカーの保全は、シュモラーにおける大前提である。しかしながら、さればといって、シュモラーはそのために、理想的土地所有分布の構想を完全になおざりにしたとか、ユンカーのいうことなら何でも聞いたかというと、そうではなかった。シュモラーは、内地植民政策において、土地つき農業労働者（労働者用地）ではなくして、中農（中位的規模の地代農場）の創設を望んでいたし、シュモラー派の農政学者ゼーリンクの構想も、やはり中農創設に重点をおいている。また、シュモラーは、「穀物と鉄」との保護関税（一八七九年）には賛成したが、「カーニッツ提案」には反対し、カーニッツ提案に代るべきものとして、土地買上げ→国有地の増大→国有地への内地植民の遂行という案をかかげたのである。ウェーバーが「就任講演」の註のなかで、シュモラー教授も自分と同じ構想をもっていると述べているのはそれを指しているのであるが、[*8]シュモラーといえども、「カーニッツ提案」が出されるような現状に面しては、かれなりに急進化したのである。このことは認められなければならない。しかし、この時においてさえも、ユンカーの所有地が地積の四〇パーセントを超える州についてだけ、ユンカー所有地の比率を四〇パーセント未満に削減することを目標としているにすぎないのであって、この程度の削減では、東エルベの社会構造を変えるとは、けっしていえないであろう。さらに、かれは、現状の危機が緩和されたあかつきには国有地の比率を減らすべきことなどの条件を附しており、究極的には、農業危機の将来に対して楽観的な――東エルベの社会構造を変革することなしに切りぬけうると考える点で、楽観的な、見通しをもっていた。シュモラーの国民国家の構想のうちでは、最後まで、ユンカーがドイツの政治的ならびに社会経済的構成の本質的要素をなしているのである。

シュモラー派の右には、より露骨にユンカーのインタレストを代弁する農政学者のグループがいた。高率農業保護関税・金銀両本位制の導入・信用の国有化などの方策によってユンカーを救おうとしたワグナーや、東エルベの農業労働者問題を、たんにユンカーに対する労働力の調達という点だけからとりあげたケルガーなどがそれである。[*9] そして、シュモラー派とこのグループとの境界線は流動的であったと考えられる。

シュモラー派に対立する考え方としてヨリ重要なのは、ブレンターノのそれである。よく知られているように、かれは社会政策学会の左派の領袖であって、社会改良の将来を労働者階級の力の伸展に期待したひとであった。かれは、国家が労働組合の活動を阻害するような仕方で労働問題に干渉する

＊8　Schmoller, G., Einige Worte zum Antrag Kanitz (in Jahrbuch Gesetzgebung, Verwaltung und Volkswirtschaft 19 Jhg. 1895. SS. 610–629). 本書一一七頁および六四―六六頁を参照。

＊9　Vgl. S. V. S. Bd 58.S. 93, 94 ff.; SS. 187–194.

ことに対しては、あくまで反対であり、その点でシュモラーと烈しい論戦を交えたひとであった。いまわれわれの問題としている農業政策の領域においても、かれの立場は社会政策学会の内部においては特異なものである。かれブレンターノは、シュモラーとはちがって、ユンカーに対してすこしも共感をもたないし、農業保護関税には終始一貫して反対の立場をとりつづけた。のみならず、かれは、ミアスコウスキイの提案（一八八二年、前出）以来社会政策学会においてはほぼ常識として受け入れられてきた一子相続制にも反対であるし、内地植民政策にも反対なのである。かれの眼には、それらの方策は経済生活に対する国家権力の不適切かつ不当な越権的介入として映じた。とりわけ、内地植民政策における地代農場の設定は、近代的法概念に背反する永小作権の再生を意味するものであり、封建制の復活であるがゆえに、そのような政策は断乎として排除されねばならない、とかれは考える。そして、かれによれば、ロッシャー以来、歴史主義の祖として敬意を払われてきたユストゥス・メーザーこそは、プロイセン農業改革から内地植民政策＝地代農場法にいたる諸政策の精神史的始祖なのであり、まさしく悪しきプロイセン的伝統の源流なのである。[*10]――シュモラーの眼には、ブレンターノは浅薄なマンチェスター主義的農政家として映じたであろうし、ブレンターノには、シュモラーはプロイセン史の亡霊のとりことも見えたであろう。そして、事実、ブレンターノとシュモラー派の農政学者ゼーリンクとの間には、はげしい論戦が、一八九四年から一〇年間もつづけられたのである。[*11]
ただし、ブレンターノは、イギリス的な資本主義的借地農制を理想として、ドイツにそれを導入しようとしたのではなかった。ブレンターノの理想は封建遺制がなくて大農・中農の支配的な、かれの故郷バイエルンの土地所有分布であった。したがって、この点では、中位的な土地所有の支配を理想とするシュモラーと根本的には通じる面が、案外、あるのである。実際、はげしい対立にもかかわらず、農業政策の面において、シュモラーとブレンターノとを結びつける紐があるとすれば、それはこの点をさしおいて他には求め難いであろう。

三

さて、ウェーバーの農業政策論は、前節で述べたような社会政策学会の農政論のなかで、どのような位置を占めていたであろうか。

一般的にいうならば、ウェーバーは、イギリスを範型とする近代化の理念を抱いていた点で、ブレンターノの線につながる面をもっている。フランツ・ボェゼが、「一八九〇年代の末以後における、社会政策学会の内部の勢力分野の変化は、左派急進勢力の強化という点にあった。その先鋒をなしたの

＊10　ブレンターノ『プロシャの農民土地相続制度』（我妻栄・四宮利夫共訳）による。
＊11　Vgl. Boese, F., ibid., S. 73.

は、ウェーバー兄弟、ときにはゾムバルトである。そして、かれらの背後には、ブレンターノが、左派の権威ある保護者として控えていると、一般に思われていた。もっともこの最後の点には邪推もまじってはいたが。[*1]」と述べているのは、学会の一般的動向の概括としては、正しいと考えられる。農業問題の領域においても、ウェーバーがブレンターノと手を握る面がないわけではない。[*2] しかしながら、農業問題——ウェーバーの経済学の研究はこの領域からはじまった——について検討するならば、ウェーバーは基本的にブレンターノの線であった、とは決していえない。内地植民政策（国家権力の介入）に対するブレンターノのほとんど体質的といってもよいほどの嫌悪ぶり、民族問題に対するかれの問題意識の欠如、これを『就任講演』の行論と比べるならば、ウェーバーがブレンターノの線にたっていないことは、あきらかである。ウェーバーは、内地植民政策を促進する立場をとる点で、シュモラーのほうにはるかに近い。事実、シュモラーは、ウェーバーを、ミアスコウスキイ、ゼーリンクとともに、かれの内地植民政策論の継承者のひとりに算えていた。[*3] すくなくとも一八九五年（＝『就任講演』の年）には、シュモラーの眼には、ウェーバーは自己の陣営に属する若き農政学者として映っていたのである。

しかしながら、ウェーバーの農政論は、シュモラーの言明にもかかわらず、シュモラー派の一亜種として類別さるべきものではない。ウェーバーは、内地植民政策の推進という点では、社会政策学会の主流的農政論（シュモラー派）と一致しているが、その理論的・思想的背景において、力点のおきどころにおいて、シュモラーとは異なり、シュモラーに対立する面をもっている。『就任講演』と前節で述べたシュモラー派の特徴とを比較するならば、両者のあいだにちがいのあることは、おのずから察知されるであろう。以下、そのちがいを明確にするため、ウェーバーの農業関係論稿[*4]の分析視角を、

＊1　Boese, F., Geschichte des Vereins für Sozialpolitik, 1872–1932, 1939. S. 108. 労働者問題および政治問題一般についてのウェーバーの立場については、拙稿「ウェーバーの政治的立場」（出口勇藏編『経済学説史全集第六巻』所輯）を参照されたい。

＊2　ウェーバーとブレンターノとの農政論における共通点は、政治的立場における反ユンカー的志向、封建遺制批判である。たとえば、インスト関係における連れもどし権（移転の自由の束縛）に対する批判など。しかし大切なことは、ウェーバーがブレンターノとはちがって、封建遺制批判一本槍ではなかったということである。

＊3　Schmoller, G., Einige Worte zum Antrag Kanitz, Schmollers Jahrbuch, 1895, S. 622.

＊4　ここで農業関係論稿というのはつぎのものを指している。

①Die Verhältnisse der Landarbeiter im ostelbischen Deutschland, 1892.

②Privatenqueten über die Lage der Landarbeiter, 1892.

③Die ländliche Arbeitsverfassung, 1893.

④Entwicklungstendenzen in der Lage der ostelbischen Landarbeiter, 1894.

シュモラー派の分析視角と対比しつつ、考察をすすめよう。

(1) 土地所有分布に着目し、土地所有分布の在り方を問題としてとりあげることは、さきの叙述からも知られるように、ウェーバー以前における社会政策学会の農政家たちのあいだで、ひろくおこなわれていたところである。しかるに、経営の実体については、もとより論及されなかったわけではないけれども、土地所有分布に比べれば問題にされることが少なかったように思われる。ウェーバーの『東エルベ・ドイツの農業労働者の状態』は、経営の内的構造についての、おそらく最初の本格的分析の書たる地位を占めるものであろう。ウェーバーは、領主経営の使用する労働力の編成・領主とその使用する労働者（直接生産者）との関係に視点を定めて、その発展傾向を見きわめようとした。[*5] ウェーバーにおいては、土地所有分布がつねに経営の分析を媒介として論じられていること、発展傾向とはなによりもまず、右のような意味での経営内容の発展傾向であって、たんなる土地所有分布の変化の動向ではないこと、これが、シュモラー派とウェーバーとの分析視点の、基本的なちがいであると考えられる。シュモラー派のひとびとは、東エルベにおける領主経営の実体の変質を、部分的にせよ認識し、農業プロレタリアートの増大という「不健全な傾向」を問題にしたばあいにも、かれらは、一八九〇年代のユンカーがいまなお旧き土地貴族の性格を保持しており、将来においても保持しうる、と考えていた。かれらのこのような考え方は、かれらの分析視点が土地所有分布に固着していて、経営実体の変化の実相に向けられていなかったことに、深く関連している。これに反して、ウェーバー

右のうち、②は見ることができない。①は読了できなかった。③の邦訳が山口和男氏によって『農業労働制度』として公刊された（未来社、一九五九年）。なおこれは、本シリーズの一冊として、①の序言と結論（肥前栄一氏訳）とあわせ、『東エルベ農業労働者問題』として近く刊行される予定。①を主とし、③④を加えた基礎的紹介が前掲山口和男氏の論文にみられる。住谷一彦氏の「初期ウェーバーの資本主義成立史論」（『立教経済学研究』第十一巻第一号）は、題名の視角からする①④の研究をふくんでいる。『就任講演』以後のものでの関係論稿は

⑤ Gutachten über das Heimstättenrecht, 1897.

⑥ Agrarstatistische und sozialpolitische Betrachtungen zur Fideikommissfrage in Preussen, 1904.

⑦ The rural community, 1904.

山岡亮一訳『農業制度と資本主義』（『世界大思想全集　ウェーバー』所収　河出書房）は⑦の独訳からの邦訳。ただし、『就任講演』との関係において直接問題となるのは①、③、④である。

＊5　ウェーバーの『東エルベ・ドイツの農業労働者の状態』が、社会政策学会の委託によって成ったことはすでに述べたとおりである。しかし、ウェーバーが学会から与えられた任務は、調査のまとめであって、労働関係の発展傾向の析出に視角を定めて調査結果をまとめたのは、ウェーバーの創意であった。そして、この点に『ローマ農業史』との一種の連関がみられる（第一節註2を参照）とともに、ウェーバーの農業関係論稿が、歴史的研究と結合することにもなるのである。とはいえ、現状分析が歴史的研究に傾斜し、本来

は、領主経営の内的構造（労働力の編成）の発展傾向に視点を定めたがゆえに、ユンカーが「旧き土地貴族」としての属性を喪失したこと、そしてそれはもはやとりかえすことの出来ないものであることを、把握しえたのである。シュモラー派とウェーバーとの、分析の基礎視点におけるちがい、それにもとづいてユンカーの現在および将来における性格の規定についてあらわれてくるちがい、それが注目すべき第一の点である。[*6]

(2) ウェーバーが、領主経営の社会的性格の変質・領主（ユンカー）の「旧き土地貴族」の属性の喪失を、不可避的な発展傾向としてとらえたということは、他の面からみると、かれが東エルベの農業危機を、ヨーロッパへの廉価な穀物の大量流入という契機からだけ考えはしないで、一国資本主義の発展にともなってあらわれる領主経営の内部構造の変化を追求したことを意味する。一体、当時の東エルベの農業危機が、いわゆる「交通革命」の結果、ヨーロッパ外部の廉価な穀物が大量にヨーロッパに流入するようになったことによって惹きおこされた、という認識は、いわば常識であった。シュモラーはこの点を一方的に強調する。そして農業危機は一時的・経過的なもので、それが過ぎ去ったあかつきには、ユンカーはその旧き領主的性格を保持すると考えている。[*7] やや極端ないいかたが許されるとするならば、シュモラーにおいては、ユンカーは、外的契機によって脅かされているにすぎず、それ自体としては、内的には、どこまでも同一的なものなのである。ウェーバーの考え方はそれとはちがう。ウェーバーは、廉価な穀物のヨーロッパ市場への大量的流入が農業危機の直接の原因であることを、すこしも否定しないし、しばしばそれを強調してさえいる。そして、農業政策を立案するにあたっては、国際的な市場構造を正しく把握していなければならぬことも、かれのよく承知しているところであった。だが、ウェーバーは、国際経済的契機を、シュモラーのように一時的・経過的なものとしてではなく、むしろ長期的な、動かしえない与件として、深刻に評価すると同時に、かかる国際経済的契機が、ユンカー経営の内部構造の変化にいかに影響を与えるかを、見定めようとしたのである。*8

の経済理論を欠くことは、歴史学派経済学者に共通する基本的な欠陥であり、ウェーバー自身もその例外ではなかった。ウェーバー後年の社会学体系は、始発点における経済学の弱さとふかいつながりがある。

*6 カウツキーは、『農業問題』（一八九九年）のなかで、ウェーバーの『東エルベ・ドイツの農業労働者の状態』を引用し、称揚してはいるが、ウェーバーの分析視角そのものには、言及していない。『農業問題』岩波文庫訳、上巻二七三、二七四、下巻三八、二〇二、二二九、二三四―五、二三六、二四一、二四二頁を参照。

*7 Schmoller, G., ibid, SS. 627–628. Vgl. Schmoller, G., Die Wandlungen in der europäischen Handelspolitik des 19. Jahrhunderts, Schmollers Jahrbuch, Bd 24, 1900, S. 378–9.

*8 「……われわれはいまでは農村において、経済的に充ち足りたひとびとの代りに、あの周知の困窮した農業家という型を見る。かりに国際的な競争がなかったとしても、やはりこうなったであろう。国際的な

(3) ウェーバーは、ユンカー経営の内部構造（労働制度）の発展傾向を、利益共同体的紐帯の解体過程ということに焦点を置いて分析した。*9 そして、旧き労働関係に代わるあたらしい労働関係が、その実体においてまさしく工業における資本主義のそれと同じ型のものであることを確認した。当時のウェーバーは資本主義・近代資本主義などの概念を確定していなかったけれども、かれの分析の内容は、客観的には、プロシャ型の農業資本主義化の確認であったといってよい。ところで、ウェーバーは近代主義者であるという一般的通念から、ウェーバーは、ユンカー経営における旧き関係の解体（＝資本主義化）を歓迎していたであろうと推量するならば、その推量は間違っている。他方、突っこんだ見方をして、ウェーバーは鋭利な近代主義者であったがゆえに、プロシャ型の資本主義化に対しては批判的であり、これをアメリカ型の道に切りかえようとしたのであろう、と考えるならば、そのような推測は、いわば高級な誤解というべきであろう。このあとの方の考え方については次節において触れることとしよう。さきの方の推量についていうならば、そのような推量とは全く逆に、ウェーバーにとっては、東エルベの資本主義的発展が、とりもなおさず、東エルベの危機なのであり、ひいてはドイツの危機なのである。ウェーバーは、領主がたんなる企業家になり、農業労働者が農業プロレタリアートになってきた過程を、不可避的な歴史的傾向として認識したのではあるが、その過程をいい、健全な近代化の過程とは考えなかったし、また望ましいことだとも考えなかったのである。農業におけるプロシャ型の発展過程を、むしろ、旧き労働関係の解体過程として、旧き労働関係の上にたっていた家父長制的支配とそれに対応する意識形態（それらはかつての時代においては、ドイツのもっとも重要な社会的・政治的構成要素としての役割りを立派に果たしていた）の解体過程と考えているのである。これに反して、東エルベの資本主義的発展の過程が、経済の内在的傾向によって、いっそうおしすすめられてゆくうちに、現在あらわれているような過渡期の諸矛盾はやがて解消し、農業資本主義の純化とそれに対応するあたらしい純粋資本主義的な意識形態が成立するだろう、われわれはか

競争がなかったばあいには、その程度は現在みられるよりもましではあったろうが。」(G. A. S. W. G., S. 473)。ウェーバーは、領主の農業企業家への転化と、それに伴っておこる領主（ユンカー）の社会的・経済的地位のブルジョワジーにくらべての相対的後退の過程を、工業資本主義のなかへ領主経営がまきこまれてゆくときにおこる一般的現象として考えているのである。

＊9　ウェーバーの分析が、領主＝インスト関係に存在した利益共同体的関係 Interessengemeinschaft の解体を中心としていることは、前掲、住谷・山口両氏の論文に強調せられているところであるが、事実、重要な点である。ただし、ウェーバーは、利益共同体的関係に固執したために、デプタントを（利益共同体的関係の解消という点から）賃金プロレタリアートに近よせすぎてとらえることになったように思われる。ウェーバーが、利益共同体的関係を搾取様式と関連させてはとらえず、したがってまた、利益共同体的関係の解体過程を搾取様式の形態転化という視点から把握し得なかったのは、いうまでもなく、かれの立場そのものの限界による。

かる歴史的発展の基本的傾向を推進する立場に立たねばならぬ——このような考え方は、ウェーバーの思想の実相からもっともかけ離れたものである。ウェーバーは東エルベの農業資本主義が将来に向かって順調に展開してゆくとは考えない。そのようなことは、穀物の国際市場価格の下落という現実だけからしても不可能である。[*10] かれは、農業の資本主義的構造の確立を喜ばしい現象として歓迎しはしなかった。なぜなら、旧き労働関係を基礎として成立していた、いわば安定的な家父長制的意識形態の解体過程こそが、経済的に没落しつつある階級であるユンカーが、いまなお政治を大きく左右し、国民的利益を冒してまで自己の階級的利益をつらぬこうとする現状を生ぜしめたのであり、農業労働者の流出・ポーランド人の流入という事実を産み出したのであるから。経済的ロゴスの自己展開に満幅の信頼をよせてその流れにしたがってゆこうとする立場は、ウェーバーの採らないところである。そして、このばあいには、東エルベの農業発展の過程は、資本主義的発展が、(国際経済的契機も大きく与って)東部の経済的・社会的崩壊を、それ自体のうちに孕んでいると、ウェーバーは考えたのである。われわれは以上のことを念頭において、かれが提出した政策の考察にすすもう。

ウェーバーの内地植民政策の理念をシュモラーのそれと対比するとき、さしあたってつぎの二点が指標となる。その一つは、民族政策的理念の問題、いま一つは、東エルベの社会構造の変革の内容の問題である。まず第一の点について。

さきに述べたように、シュモラーは民族問題を無視したのではなかったが、民族問題はかれの内地植民地政策論においては、従属的な地位しか占めていないのであって、主導的理念は「中位的土地所有を中核とする、大土地所有と小土地所有との適当な混在」を理想とする社会政策的理念であった。法律と対照していえば、シュモラー（とくにかれの追随者）は、基本的には一八九〇・九一年の法律の線に立っている。これに反して、ウェーバーにおいては、民族問題こそが焦眉の問題であり、内地植民政策のためには、まず「東部国境の閉鎖」がおこなわれねばならない。ウェーバーは、この点ではビスマルクの理念を継承し、一八八六年の法律の線の拡大強化を望んだのである。ウェーバーが民族問題を捨象した一八九〇・九一年の法律に対していかに批判的であったかについては、本書二九頁およびそれに対する訳者註（六七―七〇頁）を参照していただきたい。

さきにウェーバーの分析視角を叙述するさいにすこしく触れたごとく、かれはポーランド人農業労働者の流入という現象が、国際的経済戦の強圧のもとにおける東エルベの農業資本主義的発展の随伴現象であり、経済的にはいわば自然的な結果であることを認識していた。だが、ウェーバーは、政治

＊10　ユンカー経営が甜菜栽培または畜産に専門化するかぎりにおいては、国際経済になんとか適応できるわけであるが、地質からいって、すべての経営がそのような商品作物の生産に転換できるものではない。中位的な砂地の地域では、かかる転換は不可能であった。

的には、すなわち国家理念の立場にたつかぎりは、かかる経済的過程の自然成長的な流れに棹さすのではなくして、むしろそれにさからうことが必要だと考えたのである。

第二の点に移ろう。シュモラー派の内地植民政策論においては、ユンカーの所有地を適度に削減し、中農を適度に増加させ、ユンカー経営の使用する農業労働者を定着せしむべき労働者用地の創設もまたおこなわれて然るべきであった。シュモラー派の構想においては、ユンカーはユンカーとして存続し、ただ、農民所有地のユンカー所有地に対する比率が増加することとなる。したがって、東エルベの社会構造は、中農の一定限度内での増加という点においてだけ、変容させられるわけである。これに対して、ウェーバーは、東エルベの社会構造を、どのように変えようとしたのか、また、かれの内地植民政策論は、客観的に、どれほどの変革をなしうる内容をそなえていたのか。ウェーバーは、ユンカーの過去の業績の評価はともかくとして、現在のユンカーに対してはきびしく批判的であり、ユンカーの政治的敵対者たることを自認していた。さらに、かれは、さきに述べたように、ユンカー経営における危機の進行をあきらかにし、その将来に対しては暗い見通しをもっていた。それゆえ、ウェーバーの政策的構想は、シュモラー流の妥協的・微温的なものではないはずだと、想像せられるであろう。この想像はたしかに当たっている面がある。しかしながら、ウェーバーの政策的構想には、シュモラーとは全く異質的であるとばかりは一概に言いきれない点があり、一八九二年から一八九五年までの間に、ウェーバーは次第に急進化し、シュモラー的妥協性を洗いおとしてはゆくが、しかしながら、ウェーバーをあまりにもラジカルに解釈するのは誤りである、――私にはこのように考えられるのであるが、そのことを以下すこし説明しなければならない。

四

ウェーバーは、一八九三年の社会政策学会の大会における報告のなかで、東エルベの社会構造に清新の気を送りこむべき方策を述べているが、それについてもっとも注目すべきことは、そのときのウェーバーの政策的構想が、いわば二本立てであったことである。すなわち、ウェーバーは、内地植民政策だけではなく、ユンカー自身の所有地において一種の小作関係が発展することに、期待をよせていた。まず内地植民政策についていうと、ウェーバーは、労働者用地ではなくして中農的規模の土地所有を基準とする「農民村落」の創設を目指していた。だが、ウェーバーは、それだけでは十分でないと考えて、いっそう重要なのは、ユンカー所有地における一種の小作関係の発展であるという。その内容は、農業労働者が小地片を所有し、ユンカーから小規模の借地をするとともに、賃金の支払いをうけてユンカーに労働力を提供し、ユンカーはかれらに役畜を貸与し、また、所有地内での放牧権を認める関係である。[*1] ウェーバーは、このような一種の小作関係が、国有地の借地関係を模範として自発的に普及してゆくことに期待をよせたのであるが、かれがそれに期待をよせたのは、かかる関係が、土地緊縛の遺制などを除去して、しかもユンカーと農業労働者とのあいだに一種の利益共同体的関係を復活させ、かつ、農業労働者が自営農民にまで上昇する可能性をつくりだすであろう、と考えたからであった。このような構想が、ユンカーの存在を否定するものではなくして、ユンカーの存在を前提としていることは、あきらかであろう。そして、内地植民政策による「農民村落」の創設にしても、附近に農民村落が存在するばあいには、ユンカーは定住労働力を容易に入手できるから好都合だ、という視点が入っているのである。したがって、「われわれは東部における大土地所有を絶滅させることはできないし、絶滅させようとも思っていない」(G. A. S. W. G., S. 465) というウェーバーの言葉は、すこしも不思議ではない。かれは、ユンカー経営の資本主義的発展とその危機を認識しはしたが、それに対する政策的構想としては、資本主義的発展にむしろ逆行する性格をもった利益共同体的関係の復活によって、事態の改善を計ろうとしたのである。農業労働者が自営農民にまで上昇しうるような社会的階梯をつくりだすことも、農民村落の創設も、それ自体実にシュモラー的な構想であって、さきに述べた民族政策的観点の強調ということを除いては、ウェーバー独自のものをそこに見ることはできない。ウェーバーがシュモラーとはちがった分析視角をもちながら、政策の内容においてはシュモラーと本質的に区別さるべきものをもたなかったこと、ウェーバーの認識と政策とのあいだには、なにほどかの間隙が存在すること、これが一八九三年の学会報告を特色づけている。

しかし、一八九四年の『発展傾向』においては、ウェーバーの構想に変化が認められる。[*2] ウェーバーは、国有地における借地関係を模範として「一種の小作関係」が大所有地において一般化しうるだろうという望みを、この論文ではもはや捨てている。ウェーバーは、そのような小作関係が「局地的には出現するかもしれないが、東部の現在の土地分布のもとで、労働者がホイエルリンク用地を受けとる決心をするだろうと思うのは、全体としてはまったくの幻想にすぎない。クナップが、発展は一般に、そのちょうど反対の経過をたどっていると主張したのは、正しかった」(G. A. S. W. G., S. 506)という。一八九三年の構想が二本立てであったのに対して、一八九四年においては「もっとも重要な問題はそれゆえ内地植民である」(同頁)として内地植民政策に一本化している。だが、ちがいはそれだけではない。一八九四年になると、国有地への組織的植民をおこない、それによる国有地の減少部分を、「もはや個人の手では維持できなくなったような大所有地」の買上げによって補塡する方式が考えられている。そして、「東部の大所有地の大部分はもはや個人の手では維持できなくなっている」

＊1　このような小作関係は、ウェストファーレンの Heuerlinge や東ホルシュタインの Pachtarbeiter にみられた。
＊2　ウェーバー自身は自己の構想の変化について十分には語ってはいない。しかし変化を確かめずに諸論稿を一括してとりあげると、混乱をまねき、ウェーバーの構想がずいぶん矛盾したものになってしまう。G. A. S. W. G., SS. 461–467. と SS. 503–507. とを対照されたい。

(ibid., S. 507) のであって、買上げについて、強制収用》Expropriation《という非難を恐れてはならないのである。「ここに提起せられている偉大な文化問題——農業労働者の諸関係とそれの発展の意義はこのように名付けても不当ではないと私は思う——に対する国家の介入が成功するための前提条件は、まさにつぎの点にある。すなわち、東部における現在の土地所有分布は、現在の政治的・社会的組織の、手を触れてはならぬ一つの基礎であって、それに対するラジカルな介入は決して企ててはならないものだと、こんなふうには考えないこと、それが前提条件なのである」(ibid., S. 505) と。これを、一八九三年の論調にくらべると、たしかに変わってきている。ウェーバーは、ユンカーの所有地には直接には手を触れずに農民的要因を強化しようとした線から、ユンカーの所有地に手を触れて土地所有分布をかなり大幅に変更する線まで進んだ。そして、『就任講演』において語られている内地植民政策は、この九四年の論文の線に立っており、九三年から九四年にかけては右のような変化がみられるのに反して、九四年から九五年にかけては、変化はなかったとみてよい。また、九五年以後においては、プロイセンの世襲財産制度をとりあげた論文[*3]（一九〇四年）がこの問題に触れているのであるが、それによると、方法論と「近代資本主義の精神」との研究がすでにはじめられた時期においても、東エルベの社会構成の改造という点について、かれの見解に著しい変化はみられない。のみならず、ときには一八九四・五年当時に比べて部分的にはいくらか論調の緩和さえみられるのである。

それゆえ、一八九四―五年の論稿が、東エルベの社会構成の改造に関するウェーバーの最終的見解、あるいはこの問題に関してもっとも急進化していた時期のウェーバーの見解と考えてさしつかえない。

ウェーバーは、ユンカーの所有地に手を触れて、土地所有分布をかなり大幅に変更する線まですすんだ。そこで、問題はつぎの二つにしぼられる。すなわち、変革の方法および範囲に関する具体的な規定がその一つであり、他の一つは、変更された土地所有分布のうえに生まれるべき経済の内容如何である。

シュモラーが、こと細かに数字を並べて、東部の土地所有分布の変更の規模を論じているのに反し

＊3　第三節註4の⑥の論文。ウェーバーはこの論文において、世襲財産制度の拡張によって大土地所有を保全しようとする政策をきびしく批判し、ユンカーの性格の変化（旧き土地貴族から困窮せる農業企業家への転化）を把握しないゼーリンクらを、農政学のロマン主義者 agrarpolitischer Romantiker (G. A. S. S., S. 381) ときめつけてはいるが、ユンカー所有地の削減政策について積極案を提出してはいない。ウェーバーは、一九〇二年以後の時期において、九〇年代に考えていたような内地植民政策を放棄したのではないが、プロイセン三級選挙法の撤廃などによる政治機構の民主化、それによるユンカーの政治的勢力の失墜をはかることに専心した。ユンカー経営がユンカーの政治的勢力を背景とする政策（農業保護関税など）によって維持せられている以上、ユンカーの政治的退位が有効な政策樹立の前提であるわけだが、東エルベの社会構造の変革それ自体に関しては、九〇年代に比べて、右の論文をもふくめて、あたらしいことを述べてはいないようである。

て、ウェーバーはそうした数字を挙げておらず、『発展傾向』にしても、『就任講演』にしても、いわば方向だけが与えられていて肉づけを欠くうらみがある。とはいえ、ウェーバーの考えていたことの輪廓をつかむことは可能であろう。シュモラーが、東部の土地所有分布の変更の規模に関して騎士領が四〇パーセント以上を占める地域においてのみ削減の必要があるといっているのに比べて、ウェーバーには、「大所有地ないしは大経営が地積の二〇パーセントを占めているかそれとも五〇パーセントを占めているかは、ここに述べた経済変革にとって、同じことでは決してなく、たんに量的な差異ではないのである」(ibid., S. 505) という言葉がみられる。ウェーバーが、シュモラーに比べて、土地所有分布のより大幅な変更を求めたことはあきらかである。つぎに、変更の方法について——シュモラーは、困窮している大土地所有者から国家が土地を有償（市価）で買いあげて国有地とし、その国有地を農民に借地させるか、または払い下げるという方法を考えていた。ウェーバーは、「強制収用」といわれることをも恐れてはならぬといい、さらに、『就任講演』にみられるように、ときに、烈しい語調をもって強行手段をにおわせているとはいえ、かれが無償または名目的補償による土地収用が現実に可能であると考えていた、とは思われない。やはり原則的には市価にちかい価格での買上げであり、強権の発動はせいぜいのところ局部的なものであろう。とすれば、プロイセンの財政面からの制約が、当然、問題となってくる。ことにウェーバーのばあいには、国有化された土地の改良費が加算されねばならぬから、財政上の負担はいっそう多くなるわけである。シュモラーが騎士領をすべての州において四〇パーセント以下に削減するというプランのために計上した費用は八億マルクであった。八億マルクという額は、財政的に相当な負担にちがいないが、シュモラーというひとの考え方から推して、財政的に無理なことをかれがいうはずがないと思われる。ウェーバーの構想では、土地改良費を除いても、おそらく三〇億マルクは必要である。[*4] 土地所有分布における二〇パーセントと四〇パーセントのちがいがたんなる量的相異ではないのと同じように、財政負担の面における八億マルクと三〇億マルクとの差は、決して小さくはない。ウェーバー自身もまた、自己の構想にともなうプロイセンの財政面の困難を認めていた(本書二七―三一頁)。したがって、東エルベの大土地所有者のかなりの部分

＊4 内地植民政策はドイツ帝国ではなくてプロイセンの管轄に属する。プロイセンの財政規模は一九〇二年には、予算額約二六億マルクであるが、プロイセンの国債は六六億マルクに達している。内地植民政策の費用は、国債の追加発行によってまかなわれるはずであった。Vgl. Statistisches Jahubuch für den preussischen Staat, 1906, SS. 218-219, 224. シュモラーは東エルベの土地価格を一ヘクタール平均六〇〇マルクとしている。ゼーリンクによれば、東エルベの大所有地(かれは一〇〇ヘクタール以上を大所有地と名付けている)は約七五〇万ヘクタールであるから、かりに、一〇〇ヘクタール以上の土地の三分の二が市価で買上げられるとすると、そのための支出は三〇億マルクになる。Schmoller, ibid, S. 626, Sering, M., S. V. S. Bd. 56, S. 33. の数字から計算。もとより実際問題としては、たんに財政負担の面に問題があるだけではない。いかに困窮していようとも、ユンカーはそうかんたんには、大量の土地を国家に売却しようとはしないであろう。

が、その経済的困窮のために土地を売り逃げする傾向を一般的にもっていたにしても、また、抵当に入っている土地はどうするかという問題を捨象するにしても、この財政面の問題が残るといわねばならない。だが、東エルベの社会構成改造の規模と方法についてはこれだけにして、つぎに大所有地の支配のあとに来るべき社会構成を検討しよう。

ウェーバーは、ユンカー所有地を絶滅するのではないが、それを大幅に削減して国有地とし、土地改良をおこない、そこへ農民を入植させようとする。農民の土地所有（または保有）規模は、ほぼ二〇ヘクタールを標準とする、経済的に生活力のあるものでなければならないだろう。かくして、農民的要素が大幅に強化せられ、たしかに、ユンカー的土地所有の支配という東エルベの社会構成は改訂を受けることとなる。ところで、ここで問題となるのは、入植せられる農民の経済的生存能力の点である。この点の保証がなければ、ウェーバーの構想はまったくの空中楼閣にすぎないであろう。ウェーバーは、どのように考えていたのであろうか。ユンカーは、畜産および甜菜栽培をいとなむかぎりにおいては、なお国際的経済戦のなかで生きる道を、ともかくも見出しうる。だが地質からいっても、すべてのユンカー経営が畜産と甜菜栽培とに転換することはできない。穀作経営においては、国際的な穀物低廉化の影響によって、ユンカー経営の命脈はつきていると、ウェーバーは考えていたのであった。そして、入植さるべき農民の経営は、穀作を中心とすると考えねばならない。そうであるならば、ウェーバーは、なぜユンカー経営には経済的生存能力がないのに、農民経営にはそれがあると考えたのであろうか。かれは、ユンカー経営よりも農民経営のほうが生産力が高いために、農民経営ならば国際的経済戦に堪えうる、と考えたのではなかった。ウェーバーは、一般的には大経営のほうが生産力という点では小経営よりもすぐれていると述べている。[*5] しからば、農民経営はなぜ生存できるのか。ウェーバーはまとまった形では答えていない。しかし、断片を綜合してかれの考えをまとめるならば、つぎのようにいってよいであろう。すなわち、農民経営は、第一に、農民はユンカーよりも生活水準が低く、ユンカーのような格式の保持を必要としないから、生計費がすくなくてすむこと、第二に、農民経営においてはユンカー経営にくらべて、生産物の自家消費部分の比率が大きく、したがって市場への依存度が小であって、そのために、国際的な農産物価格の変動によって受ける影響がすくないことがそれである。[*6]

＊5　G. A. S. S., S. 333. ウェーバーの農業関係論稿には、一九〇四年の論文をもふくめて、ユンカー経営と農民経営の生産力を比較して、後者の前者に対する優越性を述べている個所は、見当らない。ウェーバーは、生産力においては、一般的には、大経営が中小経営よりもすぐれていると考えており、この点、ゼーリンク流の小農理論と異なるとともに、他方のちに述べるごとく、レーニン的な二つの道の思考をもっていない所以でもある。

＊6　「東部の農業は企業的・産業的見地からみると、没落しつつあり、競争力を失いつつある産業であって、そのために、私の見るところでは、今日では、小経営のほうが市場向け生産をおこなう大経営よりも生

さきに私は、ウェーバーの政策的構想が一八九三年と九四年との間に変化したと述べた。しかしながら、九四年以後においても、ウェーバーの構想はユンカーの清掃を意図するものではけっしてなかった。シュモラー的構想にくらべてユンカー所有地がより大幅に削減されるとはいえ、ユンカーは残る。そして、旧ユンカー所有地のうえに建設さるべき農民経営は、アメリカ型の農業資本主義の発展の基礎として評価せられるのではなく、逆に、商品生産という一般的環境のなかにあって、ある程度それから隔離せられうるという点に、着目されているのである。ウェーバーは、ゼーリンク流の小農理論に対立して、中小経営に対する大経営の生産力の優越性を認識していた。小農理論はマルクス主義農業理論を待たず、ウェーバーによって克服せられたかにみえたのであるが、ウェーバーにおいては、現物経済的要因の比重の大きさという点から中小農の経済的生存力を積極的に評価するという形で、一種の小農主義が、やはり存在している。また、ウェーバーは、ユンカーの所有地の一部が分割化されつつあること、一部では大農が進出しつつあることを認識したのではあるが、それを「下からの資本主義」として「上からの資本主義」に対立して把握することはなかった。[*7] 実際、ウェーバーにとっては、内地植民政策によって創設せられる中農が、遠い将来は知らず、近い将来においては、あくまで中農としてとどまることが大切なのであって、もしも、農民が急速な階級分解をとげるならば、なるべく多くの農民を東エルベに定着させて、東部国境のまもりを固めようとするかれの意図は空しいものであるだろう。農業における資本主義化は、それが上からであれ下からであれ、ウェーバーの望んだところではなかった。中農が中農として持続することが望ましいし、またそれが可能であるというかれの考えかたは、歴史学派の伝統をひくものであったといわねばならない。

五

以上、はじめに述べておいたような限定のもとで、『就任講演』にふくまれている一つの問題点をあきらかにすることに努めてきた。そして、内地植民政策に関するウェーバーの構想は、ウェーバーの国民国家の内容の一環、いいかえるならば、ウェーバーが意欲し期待した国民国家の内的構成（＝階級編成）の一部（＝東エルベの社会構成）をあきらかにしたはずである。もとよりそれはウェーバーの国民

存力がつよいという結果をまねいている」（G. A. S. W. G., S. 463）

＊7　東エルベの大所有地の一部が零細化・分割化されつつあるという認識は、本書二九頁にも触れられているが、このことを認識したのはウェーバーが最初であったようだ。S. V. f. S. Bd. 55. S. 45-46. およびそれを引用しているゼーリンクの指摘 S. V. S. Bd. 56. S. 77. を参照。強力な農民（大農）の進出については G. A. S. W. G., S. 475。そこでは、甜菜栽培地域において、資本主義的大経営（ユンカー経営）が「上昇しつつある大農経営と結合して」ブルジョワ的営業的な型の企業体を形成しつつある、と述べられている。

国家の内容の一部であって全部ではない。ウェーバーが、東エルベにおいて非資本主義的農民経営を支配的ならしめようとしたことは、ウェーバーが資本主義のイデオローグであったことを、すこしも否定しはしない。ウェーバーは、まぎれもない近代主義者であり、意識をも含むひろい意味での半封建遺制に対する闘争と、社会主義とりわけマルクス主義に対する批判とが、かれの立場を特色づけている。ただし、ウェーバーが近代主義者であるという点だけが一面的に強調せられると、ウェーバー解釈に一定の歪みをうむおそれがある。ウェーバーを、社会のすみずみまでにいたるまでの、資本主義の貫徹を求めた人物、全面的な資本主義の促進者であったと考える通説には、一定の制限が附されねばならぬことが前節までの解説において示されたはずである。ウェーバーは経済的ロゴスの自生的展開に信頼をよせる思想家ではなかった。ウェーバーにおいては、近代化の過程は、帝国主義的な国際的対立の渦中においてのそれであって、国際関係を捨象した純粋社会構成史的視角にたっての近代化ではない。ウェーバーにおいては、権力的本質としての国家の立場 Staatsraison が、最終的基準としての地位を占めているのであって、ドイツの近代化そのものも、かかる基準に照らしてそのあるべき場所をさし示されるのである。それゆえ、ウェーバーの構想する国民国家の内的構成が、かえって非資本主義的要因をその一部にふくむべく要請せられていても、すこしも不思議ではない。*1

ウェーバーをナチ・イデオロギーの先駆者とする見解は、暴論にすぎないけれども、ウェーバーにおける国民主義的パトスと帝国主義的現実を運命的なものとして受容して闘いぬこうとする決意、これを見落すことは、ウェーバーの思想の重要な一つの契機を見落すことになるであろう。後年のウェーバーが、近代社会の歴史的傾向を「合理化」として把握したことはよく知られているところであり、また、ウェーバーが政治的闘争の知性化をイギリス型の議会主義のうちに求めたことも指摘せられているところであるが、それによって、右の基本的立場が解消させられはしない。かれにおいては、近代社会の合理化は、合理化された機構をそなえる国家と国家との間の平和的関係を保証するものではない。政治的技術の合理化は、不必要な摩擦や混乱を避ける方途ではあるが、国家間の武力をふくむ抗争を終息せしめる妙薬ではないのである。ウェーバーは、資本主義の発展そのもののうちから帝国主義が生まれてくると考えたレーニンと異なると同時に、資本主義が資本主義として純化されてゆくにつれて帝国主義が消滅すると考えたシュムペーターとも、区別されるのである。ウェーバーには、帝国主義が資本主義の発展過程のなかで自然死を遂げるとは思われなかったし、他方、国家間の闘争を終息せしめるような、世界史的規模における平和の条件をあたらしい社会構成のうちに見出すことは、かれの思想の圏外にあったのである。

＊1　内地植民政策によって創設せられるべき農民経営を非資本主義的というのは、ウェーバーの意図によれば、のことであって、客観的な性格規定ではない。しかし、ウェーバー自身の考え方についてもこの点については、なお考えなおすべき問題があり、別の機会に論じたい。

新版へのあとがき

本書の訳者の田中真晴先生は、一昨年以来長く病床にあり、昨年には一度は退院されたものの、完全に回復するにいたらず、再入院され現在にいたっている。本来なら、この新版はウェーバー研究の近年の成果に照らして、訳者によって全面的に改訳され、訳註や解説もまた改訂されることが期待された(学問に厳しい姿勢を貫いてこられた先生は、元気ならきっとそうされたであろうと思われる)が、そのような事情なので改訳、改訂はなされていない。

本書の校正を委ねられたわたしは、校正刷りを読みながら、この翻訳は未だ時代遅れになっていないどころか、註と解説を含めて、きわめて優れた仕事であるとの確信をもった。この訳書には、若いウェーバーの緊張感にあふれる思想的・学問的営為が見事に再現されている。若い世代の知性と精神生活の崩壊が一部に取り沙汰されているが、本書が一人でも多くの若い世代の人々によって読まれることを期待したい。

なお、旧版に加えた修正は、ごくわずかな固有名詞や旧字体などの表記の修正だけである。

二〇〇〇年三月末日

田中秀夫　記す

（京都大学経済学研究科教授）

訳者紹介
田中真晴（たなか・まさはる）
1925年4月5日京都市生まれ。
1947年京都帝国大学経済学部卒業。旧制大学院特別研究生、京都大学経済学部助手、講師、助教授を経て、教授。甲南大学経済学部教授、龍谷大学経済学部教授を歴任。京都大学名誉教授、甲南大学名誉教授。元経済学史学会代表幹事、経済学博士。2000年逝去。
著書『ロシア経済思想史の研究』（ミネルヴァ書房）
『ウェーバー研究の諸論点』（未來社）
『自由主義経済思想の比較研究』（編著、名古屋大学出版会）
『社会科学の方法と歴史』（共編著、ミネルヴァ書房）
『一経済学史家の回想』（未來社）
翻訳 ウェーバー『国民国家と経済政策』（未來社）
ハイエク『市場・知識・自由』（共訳、ミネルヴァ書房）

［転換期を読む 4］
国民国家と経済政策

2000年5月15日　初版第一刷発行
2012年5月10日　　　第二刷発行

本体2000円＋税――――定価

マックス・ウェーバー――――著者

田中真晴――――訳者

西谷能英――――発行者

株式会社　未來社――――発行所

東京都文京区小石川3－7－2
振替 00170-3-87385
電話(03)3814-5521
URL：http://www.miraisha.co.jp/
Email：info@miraisha.co.jp

精興社――――印刷

五十嵐製本――――製本

ISBN 978-4-624-93424-8 C0333

未紹介の名著や読み直される古典を、ハンディな判で

シリーズ❖転換期を読む

1 望みのときに
モーリス・ブランショ著◉谷口博史訳◉一八〇〇円

2 ストイックなコメディアンたち――フローベール、ジョイス、ベケット
ヒュー・ケナー著◉富山英俊訳／高山宏解説◉一九〇〇円

3 ルネサンス哲学――付：イタリア紀行
ミルチア・エリアーデ著◉石井忠厚訳◉一八〇〇円

4 国民国家と経済政策
マックス・ウェーバー著◉田中真晴訳・解説◉二〇〇〇円

5 国民革命幻想
上村忠男編訳◉一五〇〇円

6 〔新版〕魯迅
竹内好著◉鵜飼哲解説◉二〇〇〇円

7 幻視のなかの政治
埴谷雄高著◉高橋順一解説◉二四〇〇円

〔消費税別〕

8 当世流行劇場——18世紀ヴェネツィア、絢爛たるバロック・オペラ制作のてんやわんやの舞台裏
ベネデット・マルチェッロ著◉小田切慎平・小野里香織訳◉一八〇〇円

9 〔新版〕澱河歌の周辺
安東次男著◉粟津則雄解説◉二八〇〇円

10 信仰と科学
アレクサンドル・ボグダーノフ著◉佐藤正則訳◉二二〇〇円

11 ヴィーコの哲学
ベネデット・クローチェ著◉上村忠男編訳◉二〇〇〇円

12 ホッブズの弁明／異端
トマス・ホッブズ著◉水田洋編訳・解説◉一八〇〇円

13 イギリス革命講義——クロムウェルの共和国
トマス・ヒル・グリーン著◉田中浩・佐野正子訳◉二二〇〇円

14 南欧怪談三題
ランペドゥーザ、A・フランス、メリメ著◉西本晃二編訳◉一八〇〇円